· 名师点金 ·

· 学 习 方 法 决 定 学 习 成 绩 丛 书 ·

体育可以这样学

（小学版）

陆倍倍 等 著

上海文化出版社

上海故事会文化传媒有限公司

序

你希望孩子拥有健康的身体、阳光的心态、坚强的品质吗?

相信每位家长都会不加思索地给出肯定的回答,不过,这些真诚的期待常因太过"简单"而被忽视。很多时候,家长会把更多的注意力集中在帮孩子打好文化课基础,学好能公开展示的才艺、技能上,很难关注到孩子的身心健康状况。

孩子好动爱玩,但未必喜欢体育运动。怎样帮孩子爱上锻炼,科学锻炼?如何助他们心态阳光,茁壮成长?其实,良好的体育课程设置和适当的亲子锻炼是一剂良药,可以帮孩子缓解,甚至解决那些易被忽视的身心问题。

作为一门学科,体育同样有着系统的理论和科学的方法。目前与体育学习相关的书籍多为供教师阅读的理论资料,而用于亲子共读,真正解答孩子与家长的问题,并指导家长帮孩子提高身体机能,培养体育品质,将体育延伸到日常生活中的书籍较为少见。本书的作者是来自上海市黄浦区卢湾一中心小学的体育老师们,他们有着扎实的专业知识,过硬的技能,对体育课程的设计、教学有丰富的研究实践经验。作者用生动的课前故事、标准的动作示范和简单的家庭亲子小游戏完成讲解，用孩子更容易接受，家长更容易指导的方式，帮孩子愉快地培养体育品质，完成居家锻炼。

全书共分为五个部分：第一部分详细介绍了阳光体育课程与各种体育品质，帮助家长和孩子了解"体育课能带给我们什么"和"原来这也是体育"；第二、三部分别为小学低年级及中高年级的体育技能，用图文并茂的形式帮孩子进一步理解各种训练技巧，掌握运动诀窍；第四部分提供了五套亲子韵律，在家中形成更好的锻炼氛围，让孩子在快乐的律动中变得灵活；附录中有自评方法、中考标准及健康小贴士，为各项指标提供科学的数据参考。

因此，本书对小学阶段的学生和家长而言，是不可多得的学习助手。相信本书能很好地启发家长和孩子们，帮孩子理解体育的重要性，向他们展示正确的方法和技巧，并有效地激发孩子的兴趣，陪他们养成每天"动起来"的良好习惯。

陆倍倍

上海市黄浦区卢湾一中心小学 体育教研组长

目录

你真的了解小学体育吗?

阳光体育的教学内容及意义   1

能想到吗? 阳光体育还能这样帮助你   7

给家长的"阳光体育"亲子陪伴作业   20

体能训练太无趣? 不妨做个游戏   22

亲子配合, 有效强化意志力   30

一个小任务, 帮你学会团队协作   36

想收获勇敢和自信? 试试学会尊重   41

这些小学低年级入门项目, 你学会了吗?

不够灵活怎么办? 像动物那样爬一爬!   49

跳绳, 在玩耍中锻炼身体   57

操练起来, 你是一位"小英雄"!   63

成为神射手要做到什么? 远和准   72

你知道吗? 可以跟小蝌蚪学跳远   77

什么? 滚来滚去也能锻炼身体?   85

练完跳绳, 单脚双脚跳一跳   89

滚动的是小皮球, 锻炼的却是你!   94

毽子除了踢, 还可以拍哦   99

除了吃菠菜, 还能怎样变成"大力水手"?   103

小学中高年级的技能进阶，你准备好了吗？

想跑得再快一点，可以这样做　　111

这项力与美的运动，你心动了吗?　　116

提升耐力，未必需要马拉松　　123

练习投掷之前，自己做一个实心球吧　　129

勇敢"跨越"前方的障碍吧!　　134

亲子韵律：跟孩子一起动起来吧!

颤膝基础律动　　141

开心面面转　　147

欢乐一二三　　153

顽皮跳跳虎　　162

可爱小苹果　　170

附录

《国家学生体质健康标准》达标情况记录表　　179

小提示　　181

体育个性化活动日志　　182

直击中考：体育考试的结构和内容分析　　185

上海市初中毕业升学体育统一考试项目成绩评价标准　　188

你真的了解小学体育吗?

阳光体育的教学内容及意义

　　贝贝已经上小学了。这天，姐姐逗他说："听说每个人上学的时候，运气都不太好。比如一直待在最差的一届，总是分在最吵的班级，隔壁班还都特别优秀。你觉得这些话耳熟吗？"贝贝若有所思，小声说："对哦，我们班好像真的比隔壁吵！"

　　姐姐哈哈大笑："你不用太当真了！这是老师们的口头禅，跟商量好了似的。为了让你们乖一些，他们每年，在每个班都这么说。对了，还有一句'体育老师今天生病请假了，改上别的课'，你的班主任肯定也没少说！"

　　贝贝惊讶地睁大了眼睛，把头摇得像拨浪鼓："才没有呢，我们每节体育课都要上，老师身体也好着呢，从来不请假！"他顿了顿，同情地看向姐姐，接着说："你小时候的体育课说没就没，上学得多无聊呀。"

　　姐姐却满脸无所谓："还好吧，我那时候不是跑跑跳跳，累得要命；就是直接解散，自由活动……本来也没什么意思。"

　　贝贝越听越觉得遗憾，原来，姐姐小时候上的不是"阳光体育"课程呀，真可惜。

你所在的学校开设阳光体育课程了吗？你听说过阳光体育吗？

什么是阳光体育？

课前故事中，贝贝的遗憾证明了教育理念的进步。

传统体育教学中，教师通常结合器械，用比较简单的方式纠正学生的形体、动作和训练方式，虽然能够起到促进学生的身体发育、骨骼生长、血液循环等作用，但仅在一定程度上强化了身体机能，却忽视了学生的心理塑造，难以培养健全的人格。

在义务教育改革的过程中，国家为切实提高青少年学生的体质健康水平，提出了"阳光体育"这一全新理念，强调每天至少保证学生有1小时的运动时间，引导学生走到操场上，走近大自然，走去阳光下，让体育课在全面提高小学生的健康素养中发挥应有的作用。

与传统的体育课程相比，阳光体育更加彻底地落实了"以人为本"的宗旨：

①关注不同学生在身体素质、兴趣点、实际需求等方面的差异，更有针对性，更高效地完成体育技能训练。

②关注学生的心理健康教育，让他们拥有强健体魄的同时，感受运动的快乐和集体的力量，在学着"坚强"的同时学会适当地宣泄情绪，适度向伙伴求助，保持积极、向上、乐观、阳光的心态。

阳光体育的课程重点是什么?

①抓好"阳光心态"教育

引导学生拥有积极阳光的心理状态。尊重每个学生,规范学生的体育技能训练,提高学生的意志力;同时让学生体会运动的乐趣,在运动中排解负面情绪,增强抗压能力。

②激发学生的运动意识

提高学生身体素质,养成终身锻炼的意识,让运动成为习惯,同时培养学生的体育运动精神,让他们收获良好的体育品质

③加强亲子陪伴教育

向家长传达学生在学校的体育煅炼、运动成长的情况,引导家长与孩子一起煅炼,和孩子共同成长。

④提高体育文化知识素养

让体育与传统文化、思想品德结合,结合军训等方式开展爱国主义体育教学,促进学生全面发展,增强学生的爱国意识。

⑤拓展体育教学范围

让体育不再局限于课堂,课程可以设在学校的操场,可以在户外运动场合,甚至可以在电影院。条件允许的情况下,带领学生观看体育赛事或体育题材的电影,参加冬令营、户外集合训练等,都是不断丰富学生体育生活的有效手段。

阳光体育课程能带给我们什么?

①更有趣的课程体验

为提高学生的身体素质,阳光体育课程保留了传统体育课程的体能训练项目,优化了教学形式及教学方法。例如在课堂上,教师会整

合音乐、影视等教学手段，采用角色扮演、分组游戏等趣味形式，加入键子、竹竿舞等趣味性强的民间传统体育项目来开展教学活动，充分尊重更多同学的兴趣及需求。

因此，学生更容易爱上体育课程，产生运动兴趣，养成运动习惯，从而提升脑力思维，甚至养成主动学习的习惯。

②更高效的体能训练

下表为小学阳光体育课程中的一部分教学内容，包含体操、田径和球类三种项目。

阳光体育部分课程内容及教学目标展示

项目	教学内容	教学目标
体操	列队与站姿纠正 前后左右转及队形变换 广播操演习和复习 体操器械使用操作讲解 原地踏步、齐步走、跑步交替 团队互动演示	●初步了解广播操的健身、健心作用 ●培养空间体位感受，训练专注力与反应能力 ●提高身体的协调性、灵敏性和柔韧性 ●养成良好体态，增强对肢体及力量的控制力 ●培养组织纪律性，强化集体观念
田径	定时短跑、耐力跑等	●提高反应速度、协调能力及有氧耐力 ●增强肌肉力量，掌握正确的呼吸方法和呼吸节奏 ●培养克服困难、战胜自我的心理品质
	立定跳远、跨越式跳高、投掷等	

球类	足球、篮球、乒乓球、羽毛球等	● 掌握对应球类运动的基本技能 ● 动手动脑，提高身体协调性及反应速度 ● 学会团队配合，提高抗压能力与应变能力
	球技训练、演示、团队活动竞赛	

可以看出，每一类运动项目都有各自的教学目标，在提升学生的身体素质方面起着不同的作用。体操重点提升身体的协调性和对肢体的控制力；田径运动侧重力量、速度、耐力及呼吸方法等方面；球类运动需要开动脑筋，有时也需要团队配合。

通常，一节体育课的教学时间为 1 小时左右，出于提高效率的考虑，教师有时会在一节课中按顺序安排以上三类项目。当学生在体操训练中拥有了更好的协调性和节奏感后，再去学习跑步及球类运动，这种循环渐进的方式能让学生获得更好的状态，更好地掌握相应的体育技能。

③充满关怀的心理健康教育

阳光体育教学的一项重要任务，是要教会学生用"阳光心态"，来打败"消极心态"。如果一个学生没有一定的心理承受能力，哪怕学识渊博，身强体壮，也很难在人生道路上走得更远。因此，阳光体育会培养孩子们建立起三个信念：一是信心，二是热心，三是耐心。

在阳光体育教学中，教师通常在尊重学生的前提下，用更加有趣、高效的方式引导学生学到更多的体育专业知识和体育技能。学生在不断取得进步的过程中，会产生想要实现自我价值的想法，比如期望获得家长的鼓励、老师的表扬、同学们的尊重和肯定等等。教师则会密切关注学生心理状态，察觉这一心理需求，让学生获得来自集体的、有针对性的正向反馈，从而帮学生增强信心，更有勇气面对成长过程中的各种挫折。

与此同时，学生得到同学的尊重和肯定后，更容易用同样的方式回馈伙伴，从而更加热心、耐心，学会团结互助、关爱他人，进而增强社会责任感。

要好好上体育课，知道吗？

上节回顾：总结一下，小学阳光体育课程有哪些教学功能呢？

	教学功能
生理健康层面	①促进人体发育，改善心肺、血管功能和呼吸系统的循环，保持身体各项机能的良好运作； ②有助于增强抵抗力，预防感冒； ③塑造良好的身形，有效增肌，防止超重，纠正不良体形、身姿、运动方式等，促进身高增长； ④调节脑力思维，提高神经系统反应能力； ⑤有效缓解疲劳，增强对环境及气候变化的适应力； ⑤缓解慢性疾病的症状，有助于术后体能恢复、后遗症康复、健康理疗煅炼、四肢协调康复等。
心理健康层面	①培养体育运动精神，一定程度上纠正懒散行为； ②学会排解暴躁、抑郁、悲观、胆怯等消极情绪，增强抗压能力，减少心理问题； ③提高团队协作能力和承担责任的能力，增强情感、情绪等问题的沟通能力，增强人际交往能力。
总结	阳光体育从生理、心理层面出发，将体能健康教育和心理健康教育结合在一起，能够有效预防或缓解学生的身心疾病，提高身体机能，为培养德、智、美、体全面发展的青少年儿童的教学工作奠定基础。

了解阳光体育对体质健康、心理健康等方面的作用是有效开展相应课程教学的基础。认同了阳光体育带来的益处，学生和家长才会更好地重视起来，体育教学的作用才能更好地发挥出来。其实，阳光体育课程还有很多较为抽象的优势。它们更多地表现在体育课之外，看似微不足道，却很可能影响一生。

以下案例全都发生在体育课堂上。看了这些老师和同学的故事，我们或许更加明白：原来，阳光体育还能这样帮助我们!

案例一

谁说"尊重学生喜好"和"严肃课堂纪律"不可兼得?

小杨老师参加工作不久，习惯跟学生打成一片。她负责低年级的阳光体育教学，为了让活泼好动的孩子们爱上体育课，她花了很多心思。不仅严格遵照阳光体育的教学重点，充分尊重学生的兴趣和运动需求，还额外设计了一些充满奇思妙想的小游戏。在她的课上，气氛总是轻松愉快，孩子们都很喜欢她。

对此，小杨老师很有成就感，然而一段时间后，她发现了一些问题：由于自己没能把握好"尊重学生需求"的度，在集体活动中，有些学生照样把自己的喜好摆在第一位，得不到满足便不愿配合集体，课堂纪律逐渐有些涣散，技能训练的效果也更难保证了。

为此，小杨老师想了很多办法，这节广播体操训练课前，她灵机一动，意识到合适的机会就在眼前。听说要学习广播操，有几个学生习惯性地围了上来，向她说着自己的想法：有的想自由活动，有的想自主组队练习，有的想学习其他运动项目……这回，小杨老师没有答应他们的要求，而是耐心解释了广播体操的重要性，让大家必须重视起来。

这几个学生此起彼伏地发出"哦"的声音，把不高兴全都写在脸上。为了让他们打起精神，小杨老师延续以往的风格，在动作示范时融入有趣的讲解，调动学生的想象力，虽然成功提高了学生跟练的兴致，但整个班级乱作一团：有的一直笑个不停；有的随意挪动位置；有的只管听老师的段子，手脚却胡乱做着动作……那些想要认真练习的同学们苦恼不已，用求助的眼神看向小杨老师。

小杨老师没有生气，而是示意大家暂停一下，重新划分了小组，说："看到大家表现得这么轻松，一定全都学会了。老师奖励大家做个游戏，咱们来玩角色扮演，怎么样？"

"好！"学生们异口同声，喊得震天响。

小杨老师让第一组同学站到中间排好队，笑着对大家说："很好，现在，中间的同学们是体操界的明日之星，要在顶级赛场上表演刚才学到的动作；其他人都是非常厉害的评委，要指出他们哪里做得好，哪里做得不好。表演完了的同学们将会升级成评委，由下一组同学扮演选手……"

学生兴奋的讨论声越来越微弱，渐渐地，所有人都安静下来，脸上纷纷露出紧张的表情。站在中间的第一组同学更是垮着一张小脸，其中有个女生壮着胆子举起手，小心翼翼地问："老师，我们没准备好，可以再练一会儿吗？"

小杨老师假装犹豫了一会儿，这才点头答应了："那好吧，我们下节课再玩这个游戏，这节课就多练一会儿，其他人同意吗？"学生们纷纷松了口气，兴奋地说："同意！"

接着，小杨老师又带同学们练习了几遍，帮他们逐个纠正了动作，还选出几个表现出众的学生进行示范，让其他人跟着学习。这一次，学生们明显专注了许多，没有人再嬉笑吵闹，就算有人走神，同组的伙伴也会赶紧提醒他注意，生怕整个小组在"顶级赛场"上出丑。见大家掌握得差不多了，小杨老师让学生分散开来，以小组为单位再磨合几遍，让他们学着自己发现问题，学会团队合作……

让小杨老师惊喜的是，学生的进步远远超出了她的想象。下节课的"赛场"上，扮演运动员的学生们被激发了强烈的集体荣誉感，为了不在"评委"面前失误，影响整个团队的努力，每个人在表演过程中都表现得很认真，用力地做好每一个动作；扮演评委的同学们为了防止自己上场时遭到"报复"，全程认真地看着别人的表演，就算有人失误也忍住了笑，评价也尽可能公平……大家效率很高，很快完成了这节课的任务。小杨老师把这些都看在眼里，及时表扬了每一组学生，并借机强调了课堂纪律的重要性。

最后，每一组学生都得到了属于自己的奖项，他们看起来更精神，也更愉悦了。在之后的体育课上，学生们依然能够感受到很多乐趣，也更加遵守纪律了。

案例总结：

　　阳光体育课程中，教师会用充满趣味的方式，引导学生学会遵守纪律，不影响其他人学习，以便更快地完成任务，将更多时间留给自己喜欢的项目。

　　学生也能在潜移默化中，感受到老师在尊重自己的喜好，既能开心、高效地上课，也能逐渐学会尊重老师和身边的同学，尊重班级这个集体。

案例二

　　你相信吗？让所有老师头疼的"捣蛋鬼"，竟在体育老师手里变成了"小标兵"！

　　年轻的王老师第一天接手三年级的体育课，就撞上了个大麻烦。

　　班里有个男生叫小刚，同事们早就给他打过"预防针"，细数这孩子的"斑斑劣迹"：比如不分轻重，总是逃学；比如课堂上乱插嘴、顶撞老师；比如性格霸道，总是欺负同学，三天两头跟人吵架，急眼了还想打人……小刚的班主任也来打过招呼，说这孩子油盐不进，家长也忙得不见人影，根本不管他，只要别让他乱跑受伤就行。

起初王老师不信邪，觉得不过是男孩子调皮叛逆，自己绝对治得了他。谁知，现实给他狠狠地上了一课：一堂体育课下来，小刚的嘴巴和手脚没有一刻是老实的，整队的时候东张西望，练习转体时故意搞错方向，做起体操张牙舞爪，老师讲解的时候喜欢插科打诨，不肯按要求完成规定动作……最后还弄坏了几个游戏道具。王老师先是温和地制止，最后干脆声色俱厉地呵斥，这些办法通通无济于事，小刚反而更兴奋了。

为了他，王老师被折腾得身心俱疲，差点没完成本节课的教学任务，但他并不想放任不管，如果在体育课上任性妄为，很可能连最基本的安全问题都保证不了。于是，王老师找到小刚的班主任，多问了几句小刚的情况，很快便搞清了原因。

原来，小刚的父母忙于工作，从一年级开始，小刚就拿着零用钱，在学校和附近的饭馆解决三餐了，一放假，他就被父母扔去辅导班，只为了有人看着他不乱跑。小刚长期被父母忽视，心里极度渴望得到周围人的关注和关爱，这些缺失是事后难以弥补的，更无法简单地用物质来满足。他不像其他同学那样，开心或难过时有父母的陪伴、安慰和鼓励，内心的不平衡一天比一天严重，安全感也在不断地缺失。为了不在其他同学面前表现出自卑感，他用强硬的态度伪装自己的情感需求，不时故意制造冲突和矛盾来引起老师和同学的关注，希望能像其他同学调皮捣蛋时一样，被老师请来家长。

班主任无奈地说："我也知道，这种孩子只要没人理他，自然就老实了。可是教学任务那么重，教室又安静，他实在让人没法忽视，我就不得不停下来呵斥他。他发现这招好用，时间一长，就更难纠正了……"

王老师若有所思，紧锁的眉头很快就展开了。

小刚的情况其实是一种心理问题，要纠正他的行为，首先要引导他拥有更加积极阳光的心态，学会跟同学们正常、友好地相处；同时做好其他同学的工作，劝他们尽量放下偏见，在小刚需要帮助的时候伸手拉一把——如果小刚的情感需求能得到一些满足，他就不再需要用偏激的方式引起大家的注意，给他一些时间，一定会有所改变。

在之后的课上，小刚的表现还是非常张扬，王老师却不再把他拎出来，严厉地批评了，而是只用余光瞟瞟他，见他还在视线范围内，便只管带着其他学生继续训练，甚至带着其他学生去做更有趣的游戏……

很快，小刚发现，就算自己使出浑身解数，王老师也不会像其他老师那样停下来关注他。他有些迷茫，不知道问题到底出在哪里，只好站在原地发呆。几节课过去了，王老师还是无视小刚，看着大家在一旁热闹，小刚实在闷得受不了，竟然忍不住加入了训练，虽然他练得吊儿郎当，却还是把旁边的同学惊得目瞪口呆，期间有同学还会短暂地理他一理，帮他纠正几个动作。小刚尝到了甜头，加入训练的次数也越来越多。

这天恰好是小刚最喜欢的篮球课，他练得更卖力了，好像要把之前被晾着的委屈全部发泄出来。见机会来了，王老师立刻说："大家停一停，看小刚同学的动作……对，就是这样，非常标准！小刚，你再给大家示范一次！"

同学们的目光齐刷刷地聚焦在小刚身上，小刚以为自己听错了，抱着球，愣愣地看向王老师。见老师点头，他立刻兴奋了起来，给大家示范了好几次。听到同学们"好厉害啊""我就学不会"之类的私语声，小刚感觉，比起大家都怕他，还是这样更开心。

下课后，王老师留下了小刚，趁热打铁："我就知道你很有天分，以后再上球类相关的课，你能不能提前来帮老师拿器材？要是上课学到的技巧不够用，可以随时来篮球队一起玩。"小刚惊讶得张大嘴巴，却说不出话，过了好半天，才后知后觉地点了点头。

从那以后，小刚在体育课上再也不捣乱了，训练的时候也越发配合。好几次分组做游戏，分组打比赛的时候，王老师还特意安排小刚做小组长，交给他一些任务……

就这样，小刚更加肯听王老师的指导，完成自己的团队协作任务，甚至学着克制脾气，帮助组内的同学。越来越多的同学愿意跟他一组，加上王老师适时的表扬，小刚脸上的笑容越来越多，不但不找老师同学的麻烦，还学会跟大家交心了。在王老师的引导下，其他同学得知小刚家中的烦恼，纷纷陪他一起吃饭，一起做游戏，一起上学放学……

经过多次的"阳光心理"疏导之后，小刚慢慢回到了正常的生活和课程学习当中，其他老师也纷纷反馈，这孩子坐在教室里的时候，也能慢慢控制一些"随意"和"随机"的行为了，虽然还是调皮，但不会影响课堂纪律了。学期结束的时候，小刚还拿到了"进步标兵"的奖状呢！

案例总结：

阳光体育课程中有心理健康指导的要求，即"阳光心理"，课程中很多环节的设置都能为此服务，因此，只要方式得当，在体育课上对个别学生进行心理疏导并不会耽误教学进度，反而在落实并推进这项重要的教学内容。

另外，体育课在空旷的室外，适当"忽略"某些试图引起大家注意的学生也相对可行，在纠正学生行为方面有着难以替代的优势。

案例三

神了，带学生练习队列时，他能顺便上好思想教育课！

教体育的郑老师出身军人家庭，当他发现阳光体育课程注重德、智、美的全方位教育，其中包括爱国主义教育时，心中的责任感格外强烈。在日常体育训练中，他常会见缝插针地对同学们进行思想教育，但同学们多半觉得他古板无趣，始终不怎么买账。

这天，郑老师在课程中安排了体操和户外军训项目，训练效果很不理想：队形和阵列始终不整齐，每次都有人走神出错；体操做得软绵绵，总有人反应速度慢半拍……郑老师急了："如果解放军个个都像你们一样，那怎么得了？"听到同学们不屑的咕哝声，郑老师明白，他们觉得解放军离自己很远，根本听不进劝……

课后，郑老师正苦恼着，突然想起，之前他带着自己叛逆的侄子去电影院看了场《八佰》，看了那些关于军人纪律、军人精神的片段和英勇抗战的场景，入场时活像屁股上长了刺的侄子忍不住安静下来，红了眼圈，显然也被感动了。

在接下来的课上，得到灵感的郑老师不再干巴巴地说教。时间紧张的话，他就给同学们播放军歌，用充满激情、鼓舞人心的音乐调整同学们的训练节奏，让大家随着音乐，下意识地整齐、有力起来；要是时间充足，他就适当利用影视片段辅助，带同学们一起观看抗战英雄、驻边英雄相关的影片，欣赏国庆阅兵的军人方阵，并跟大家交流感想。郑老师从抗战时期讲到现实当下，从革命先辈讲到自己的家人，起初还在瞧热闹的同学们受到的触动越来越多，当听到当年有跟自己差不多大的小男孩隐瞒年龄参军作战，奋力杀敌却壮烈牺牲的故事时，同学们更是唏嘘不已……

在后来的体操和队形训练中，几乎每个同学的眼神里都充满了专注和认真，整体纪律和运动协作精神也上了一个台阶，班级不仅在最终的会操展示中拿到了优异的成绩，还得到了"文明集体"的称号。

▶ **案例总结：**

教师需要引导学生形成"阳光思想"，然而，思想教育的严肃性使得此类教学有着不小的难度，学生接受起来有一定的障碍。

在阳光体育课程中，教师会通常会结合学生的心理状态，用相对强烈的刺激触动学生的情感，让他们更好地意识到增强体质健康、磨炼意志、学习军人精神的必要性，了解自己如今的平安幸福靠谁换来，更深刻地理解体操和军训等项目是为此服务的，不是为了"折磨"大家而设计，对学生的成长极为有利。

案例四

阳光体育的好处千万条，运动安全才是第一条！

学校开展阳光体育教学已经有一段时间了，这天，体育组长唐老师给老师们发放了一些材料，其中一份是两桩由学生贪玩引发的事故：

"2002 年，某小学五年级学生庞某由于违反纪律，屡教不改，严重影响了课程进度，被老师罚在教室外反省。庞某感觉无聊，恰好看到隔壁班的朋友梁某经过，两人决定一起逃学，偷偷爬出学校的围墙，绕到了校外的小河边游泳。庞某率先一个猛子扎了进去，却半天不见踪影，梁某吓坏了，赶紧跑回学校，哆哆嗦嗦地告诉了老师。老师立刻报警，并上报学校。当天傍晚，学校紧急通知了庞某的家长，并动员所有教师帮警方寻找，最终发现庞某被激流冲到了下游，打捞上来的时候已经溺水身亡。

"2013 年，中心小学两名学生在放学之后，在回家的交通道路上抛接篮球玩闹，篮球由于没被接住而滚落到路面上，随后将一辆规范行驶的摩托车绊倒，导致车主头部着地，直接造成严重的脑损伤。"

见大家看完了材料，唐老师问："你们觉得这两件事对咱们的教学有什么启发？"

有几个年轻教师不解，皱着眉头，你一句我一句地分析了起来："这些都不是体育教学过程中发生的事，跟咱们应该没有什么关系吧。"

"是啊，第一个案例明显是学校监督不力，居然能让学生在上课时间溜到河边去；学生也没有保护自己的意识，竟敢在野外直接下水。第二个案例就是两个熊孩子惹祸，玩球不去操场非要去大街上，连累父母赔钱赔笑脸……"

"我也觉得，说白了不就是小孩子贪玩，家长也没教育好吗？"

唐老师耐心地听着他们的议论，笑着摇摇头，耐心解释道："你们讲的也有道理。但你们发现没有？两个故事中的孩子贪玩归贪玩，喜欢的却都是游泳、篮球这类户外体育运动。如果我们能意识到加强安全出行意识、体育规范行为、户外安全保护这类教育的重要性，是能够避免以上悲剧的发生的。"

老师们思考片刻，纷纷若有所思地点了点头。

案例总结：

很多时候，体育教师会更加关注课堂形式的趣味性和学生的心理状态，却因为教学场地本就比较安全，忽视了很多体育安全相关的教育。

阳光体育课程对安全教育提出了较高的要求，体育课程哪怕再有趣，也是有一定强度和危险性的，对学生的体能有要求，使用器械也要格外小心。教师不但要教育学生如何在课上保护自己，还要告诉他们如何规范体育行为，如何安全出行，如何在户外、野外进行安全保护，让他们在离开学校之后也能遵规守纪，健康、快乐地锻炼身体。

给家长的"阳光体育"亲子陪伴作业

　　阳光体育课程的教学重点中，除了抓好学生的"阳光心态"教育，激发学生的阳光体育运动意识，还有至关重要的一项：加强阳光体育亲子陪伴教育。

　　阳光体育课程既需要体育教师的专业指导和训练，同样也离不开家长的参与和支持。

　　为了促进孩子们的身心健康和未来成长，教师会定期向家长传达学生在学校的体育煅炼效果、健康状况和运动成长的情况，并定期布置亲子作业，让家长与孩子一起锻炼，共同成长。

　　建议家长平均每周抽出30分钟至1小时的时间（可在每天晚饭和睡前），陪孩子完成适度的体育活动和健康训练。

　　以下表格仅供参考，请家长们根据自己的家庭情况填写。将亲子体育教育陪伴的起始时间、运动项目安排等内容简单地纪录下来并进行总结，如填写体育陪伴训练的情况、孩子体能健康状况的变化、存在的问题、家长的困惑等，作为本校的阳光体育教学的参考资料：

阳光体育亲子陪伴训练表

时间安排	起止时间	运动项目安排	总结
周一			
周二			
周三			
周四			
周五			

· 培养体育品质 ·

体能训练太无趣？不妨做个游戏

课前故事

在体育课堂中，体能练习一向是同学们躲不掉的"噩梦"。这边老师想方设法保证训练强度，那边就有学生想方设法躲个懒——两边斗智斗勇，活像"猫捉老鼠"。

这天，老师照例带着学生们在操场上进行体能练习，刚练习两组，超过一半的孩子就开始神游，有的东张西望，有的胳膊腿不听使唤。旁边的班级有球滚过来，小明就赶紧冲出队伍，开开心心地帮他们把球捡回去。队伍瞬间乱了起来，贝贝和小军趁机交换了小零食，兰兰和丽丽干脆坐下聊起天来……越来越多同学的动作都不再标准了。

老师见状，立刻暂停训练，整顿纪律。先是多次出言提醒，再是重复点名并提要求，但同学们不过是怕挨批评，才勉强重新练习了起来，枯燥重复的动作让他们叫苦连天。当老师宣布下节课需要继续进行体能练习时，叫苦声"轰"地炸裂开来，就连一向积极好动的体育委员都抱怨了起来："怎么又练这个啊！"平时特别活泼的班级瞬间被低气压笼罩，老师皱了皱眉头，

22

思索了起来。

　　下节课很快就到了，天公不作美，火辣辣的太阳炙烤着大地，同学们只练了一组便开始厌烦。看着同学们的表情，老师微微笑了笑，示意大家停下："咱们今天只需要做三组训练，训练结束后，我就带大家做游戏。不过每个人的动作必须做到位，否则就加练一组，好不好？"

　　听到"游戏"两个字，本来没精打采的同学们顿时来了精神，两眼发光，争先恐后地答应："好！"

　　为了尽可能早点玩游戏，同学纷纷认真起来，很快就完成了剩下两组体能练习。老师立刻表扬了他们，并向他们介绍起了自己设计的新游戏，原来，他并没有降低训练要求，而是将刚才练习过的标准体能练习动作替换到游戏当中了……

答疑解惑

　　体能训练到底是什么？孩子们为什么不太喜欢？

　　如今，相对静态的生活方式给孩子们带来诸多健康风险，出于预防疾病、提高学习效率、促进健康成长的需求，体能训练成为了一项非常必要的体育课堂练习内容。

　　小学生基础体能训练包括四个大方面：耐力训练、力量训练、平衡训练和柔韧性训练。

　　①耐力训练：

主要是长跑训练，根据孩子耐力的增长情况适当调节跑步距离。

②力量训练：

包括上肢力量训练和腿部力量训练，上肢力量训练一般依靠俯卧撑，配合仰卧起坐带转体的训练方式，增加对腰腹力量的训练。大腿部力量训练主要采用鸭步行走的方式，对小腿的力量训练主要用踮脚跳的方式进行。

③平衡训练：

分为单脚平衡和动态平衡两种训练方式，在训练中通常用平衡木或单脚跳格子的方式来加强平衡能力的训练。

④柔韧训练：

多采用单杠悬垂、拉伸肢体、压腿、下腰、拉伸身体两侧肌肉等方式进行。

可见，体能训练强度较大，动作多半重复、枯燥。孩子们活泼好动，对这类训练兴趣不高，加上训练过程中身体酸痛，孩子们难以维持标准的动作，常会中途放弃，影响训练效果。所以，体能训练虽然好处多多，却是孩子们觉得最累、最辛苦的，自然也是他们不喜欢的。

妙招一点通

兴趣是孩子最好的老师，如果不能让孩子违背天性，迅速接受自己不喜欢的训练项目，那就试着把它跟孩子们喜欢的东西结合起来。

如何找到孩子喜欢的东西，培养孩子的运动兴趣？

①第一步，了解孩子擅长的运动

首先可以不拘泥于体能训练的固有形式，询问孩子最喜欢或是最擅长的运动项目是什么。如果孩子喜欢跑、跳、投，那么可以练习田径项目或足球、篮球这类球类运动；如果更喜欢紧张刺激的对打，就可以去打乒乓球，羽毛球和棒球。

②第二步，寻找孩子的潜在兴趣

体育课程中的项目有限，家长们也未必了解很多运动项目，因此有些孩子可能暂时没有发现自己真正感兴趣的运动。既然自己不知道孩子喜欢"吃什么"，不妨把"餐单"放到孩子面前，让他看着"菜品图片"自己选，看他最终会更加关注"哪道菜"。

具体来说，我们可以陪孩子关注一下奥运赛事，关注各类体育栏目，这种方式可以让孩子主动表达出兴趣方向。如果孩子更喜欢球类运动，肯定会对球类运动节目更加关注，以此类推，我们便能借此挖掘出孩子的潜在兴趣，带领孩子动起来。

③第三步，确定孩子真正的兴趣

了解完他的潜在兴趣后，最关键的就是实际行动了。

带孩子动起来的时候，不要表现出过于强烈的"锻炼身体"的目的性，应该侧重娱乐性，选择简单的，孩子感兴趣的项目。在尝试过程中，孩子会在某一方面展现出天赋或是不足，以便我们筛选出孩子既喜欢又擅长的，真正适合他的项目。

孩子既感兴趣，又能在快速的进步中收获成就感，才会更积极地去运动，在这个过程中孩子也会形成良好的的思维模式，时间观念，团队意识等等，但这些是需要我们花时间去发现和引导的。兴趣培养要从小抓起，然后循序渐进培养习惯。同时，我们要适时地夸奖孩子，这样能让孩子更加集中注意力去完成目标，更努力地去练习、提高，形成良性循环。

当然了，如果孩子实在内敛好静，对运动毫不擅长或是全无兴趣，也不要担心，只要孩子肯动起来，就比躺着、坐着的效果好上很多。我们可以与孩子一起完成"动起来"的休闲娱乐活动，比如去孩子喜欢的地方旅行、爬山，比如去规模较大的游乐场，再如去公园散步，甚至逛街购物。

游戏，一个百试百灵的妙招

帮孩子爱上运动还有一个简单好用的方法，即结合游戏。

孩子天性爱玩，对各种游戏有着发自内心的热爱。在阳光体育课程中，老师们常会引入游戏教学法，使学生感受到体育运动的趣味性，或将游戏作为一种奖励手段，让孩子们保质保量地快速完成各种训练项目。毕竟，游戏有输有赢，有刺激的竞争过程，充满趣味和目的性，一旦孩子们在游戏中进入角色，融入情境，会自然而然地忽略一部分身体的不适感，专心投入到游戏中。如果老师设计得当，将体能练习加入到孩子们早已熟悉的游戏之中，就能帮孩子开心地完成体能练习的全部动作。

在家里，我们可以用游戏"猫和老鼠"来提高孩子的健康体能。

①游戏"猫和老鼠"具体活动方法：

在一定平整空旷的区域内,规定"猫"和"老鼠"的行动方式（例如鸭步走、单脚跳、蹲起、踢腿跳等体能训练动作）双方都按照标准的动作进行"抓"和"逃"，也可以一只"猫"同时抓捕好几只"老鼠"，"老鼠"全部被抓完就算一局结束，可以更换动作重新开始，每次3至4个动作即可。

②复活机制："老鼠"被抓后，完成10个规定动作即可继续进入游戏。

③注意：尽量避免让孩子重复使用同部位的肌肉和关节，要锻炼不同的核心素质，让孩子们在运动中收获快乐和健康。

兴趣拓展

儿童体势能练习的方法

如果您的孩子属于小学一、二年级的低龄段，最好不要专注于单项体育运动，而是从"基本运动技能"开始入手。

运动技能又称"动作技能"，指人体运动中掌握并有效地完成专门动作的一种能力。基本运动技能就是应对单项体育运动或生活中各种情况的基本动作，按照动作的功能分类，主要分为移动性技能，稳定性技能和操控性技能。移动性技能大致包含了走、跑、单脚跳、跑跳步（垫步走）、跳高、跳远、闪躲和并步跳；稳定性技能大致包含了单腿平衡和落地；操纵性技能大致包含了抓取、投掷、踢、拍球和击打。提高上述技能，可以采用以下方法：

①以图片通关法，正确认识基本运动技能动作

在孩子处于低年龄段期间，掌握正确的基本运动技能的动作是极其重要的。基本运动技能可以类比为英文中的 26 个字母、音乐中的音符，先把基础打牢，孩子才能事半功倍，更快、更好地掌握专项体育技能，享受运动的乐趣。

家长可以陪孩子进行"你比画我猜"的图片通关游戏，以图片上出现的基本运动技能动作为指示，当孩子做出该动作加一分，看看孩子能得几分。

②以游戏重复动作，掌握正确的动作模式

体能是通过力量、速度、耐力、协调、柔韧、灵敏等运动素质表现出来的人体基本的运动能力，是运动员竞技能力的重要构成因素。体能水平的高低与人体的形态学特征以及人体的机能特征有着密切的关系，包括心肺耐力适能、肌力适能、肌耐力适能、柔韧性适能和适当的体脂肪百分比。越来越多的家长们关心孩子的运动能力，注意孩子的身体素质。

当家长们发愁如何提高孩子的运动能力的时候，花些时间带孩子做些运动游戏，让孩子掌握正确的动作技能，不仅可以增进亲子感情，更会提高孩子的运动能力。比如多询问孩子最近在体育课上学习了什么动作，然后根据最近的学习内容进行相应的补充练习。比如说，在课堂中，老师已经示范过正确的动作，家长可以事先搜索一些标准动作的视频，然后看一下孩子做的对不对，再设计出一个小游戏。比如"投掷"的动作，我们可以说："对面草地里有很多害虫藏着，你今天当保卫家园的小卫士，看看能不能打到那么远的害虫哦！"通过游戏，不仅可以让孩子们重复投掷动作，掌握正确的动作模式，还可以调动孩子们的积极性和参与意愿，开发他们的想象力。

③以蓝天下的游戏，成为孩子的高质量陪伴

教师已经在学校教过了正确的技能技巧动作，但是每个孩子的接受度不同，动作完成度也不同。越来越多的体育老师布置了体育打卡等家庭作业，但家长很容易忽视体育作业的重要性，而是用电子游戏代替健康的运动游戏。越来越多的电子游戏代替了现实生活，增加了孩子视力的压力，并导致了身体素质的下降。

家长们应该让孩子在小小年龄就产生对运动的兴趣，把花在电子产品上的时间分一部分给运动，让孩子们走到户外、走进现实，让孩子感受到运动的魅力和乐趣。更为重要的是，户外运动更能给孩子带来挑战，对孩子的健康成长更有益，也是预防近视的重要措施。

体育让孩子拥有健康的体魄，能塑造孩子完整的人格，而最根本的，是能加深孩子对生活的理解与爱。因此，培养儿童的运动兴趣是关键。值得提醒各位家长的是，千万不要让"竞赛成绩"成为儿童锻炼的首要目的，否则运动将不再是乐趣，而是另一种形式的考试，培养的也只是另一种形式的不良竞争。让我们用孩子们最喜欢的游戏，去打走他们身上的"小懒虫"，培养出让孩子们受益终生的运动技能，让兴趣的"绿芽"生长在最健康、最灿烂的阳光之下。

亲子配合，有效强化意志力

下节课是体育课，小新又开始坐立不安了。她最不擅长运动，特别是下节课要练习的 400 米跑和仰卧起坐，光是想想就让她喘不上气。

该来的还是来了，课前，体育老师笑着对大家说："马上就要体育测验了，同学们争取有个好成绩，不过也要注意安全。来，我们先做准备活动，这节课我们来一次模拟练习，记录一下成绩。"听着老师在布置任务，小新的腿止不住地哆嗦，她越想越慌，想到以往的课上，自己总会装病请假，或者趁老师不注意的时候跑到旁边休息，可这次好像要记录成绩……算了，管他呢，不及格就不及格！

400 米模拟测验开始了，小新又一次耍起了老花招，刚冲出起点就减速，打算慢慢熬到终点。同学们一个个从她身边超过去，她很快就被甩到了队尾。"小新加油，稍微把速度提一提！"老师出声鼓励她，她却不为所动，满脑子都是"怎么还不到终点啊，我实在不想跑了"。等到仰卧起坐的时候，小新又故意躲到离老师最远的垫子那里，慢悠悠地做了几个就停下来休息了，她轻声对一起练习的搭档说："我下课请你吃雪糕，要是老师问的话，你就说我做了 32 个吧，反正他也没看见。"搭档迟疑了一下，答应了，小新心中窃喜。就这样，她又糊弄过了一节课。没想到下课之后，老师突然叫住了她。

"小新，你身体不舒服吗？这两节课怎么没有好好练习呢？"听了这话，小新心里一"咯噔"，红着脸低下了头，原来自己的一举一动都被老师看在眼里，可老师不但没有当众批评自己，反而还担心自己。她支支吾吾地说："我本来就不擅长这些，努不努力都是最后一名。而且这些项目实在太累了，我坚持不下来……"

老师耐心地说："你觉得累是很正常的，老师也更喜欢做自己擅长的事。可是你都没有真正坚持过一次，怎么知道自己做不好呢？"

小新愣了愣，陷入了沉思。

答疑解惑

你有没有像小新一样的苦恼呢？你知道小新犯了什么错误吗？

小新的问题在于，她在印象中不断强化着体育运动过程中身体上产生的不适，反复暗示自己"做不到"，畏难情绪对她的影响也越来越大。

时间一长，只要认为自己做不好这件事，就容易条件反射地逃避、退缩。如果得不到及时的引导，意志力就会变得越来越薄弱，连本来可以做好的事情也做不成了。

这时，我们需要学着增强意志力。人的精神力量非常奇妙，它能帮我们做成一些看似不可能完成的事情。拥有强大意志品质的孩子，往往更有战胜恐惧、克服困难的信心，他们能在挫折面前保持良好心态，因此在体育运动、课堂知识学习中更容易取得好成绩，独立踏入社会后也能走得更远。

在学会增强意志力之前，我们要先明确意志力的概念。在心理上，人的意志力可细分为自觉性、果断性和坚韧性。

妙招一点通

家长怎样有效地帮孩子增强意志力？

关键在于让孩子确立一个目标，引导他们独立地坚持到底，直到完成。

①确定孩子有强烈兴趣的目标。

如果孩子刚好喜欢一些有挑战性的运动项目，那就再好不过了。可以参考前文"培养兴趣"的方法，带孩子多多接触校外体育拓展课，多看体育竞赛项目，参加户外体育运动等。

其中，"攀岩"是一项颇有挑战性的运动，攀岩高手们身姿矫健，被称为在岩壁上行走的"蜘蛛人"。这项运动不仅能激发孩子的学习兴趣，对培养孩子的意志力也有着重要的意义——面对高大的岩壁，是放弃，还是继续坚持？爬到顶峰不只需要勇气，还需要孩子拥有坚定的意志力、极强的荣誉感及自我超越的决心，经常参加攀岩运动的孩子心性自然要比一般人沉着自信。

②引导孩子确定目标，并制定相应的计划。

首先帮助孩子定义"目标"，让孩子确定一件需要完成，或者需要取得进步的事情。

如果孩子觉得抽象，就用孩子能够理解的例子解释给他们听："目标就是你特别希望达成的事情。如果你在练习踢足球，进更多的球就是你的目标；如果你想把短绳跳好，1分钟跳到100个就是你的目标。现在我们需要思考的就是，要怎样练习，练习多少次，练习多长时间。"

孩子在理解了目标和计划后，才能有清晰的思路去制定计划，而计划定好之后，最终，也是最重要的一步，就是立刻实行。

在这个过程中，家长不需要过分干预孩子，但需要适度引导他们，比如询问孩子："你打算什么时候完成这件事？你想第一步先做什么？"孩子对这个过程想得越清楚，就越有可能获得成功。

③引导孩子积极实施计划，不受消极因素的影响。

在执行计划的过程中，孩子难免遇到各种各样的困难，情绪低落或者因意志力薄弱想放弃。对于孩子在独立活动中表现出的努力和取得的成绩，家长要适时、适度地给予赞赏和肯定。父母慈祥的微笑、疼爱的抚摸、殷切的目光、亲切的话语会给孩子莫大的鼓舞，激励他努力克服困难，取得成功。当孩子经过努力却没有完成任务时，家长要帮助孩子查找原因，协助他继续完成。同时寻找一些能与孩子一起执行计划的小伙伴，来自同伴的鼓励也能使孩子获得力量。

④制定奖惩机制。

规范好计划内的奖惩制度，坚决按规定执行，重点是让孩子在这个过程中学会自我监督。

在这些计划执行之余，最能影响孩子的人就是家长，孩子最好的老师也正是家长，因此家长必须以身作则，才能感染到孩子，否则孩子被家长的消极情绪影响，不但很容易对整体事情产生不信任感，对家长也会产生怀疑的情绪。

▶ 我们可以怎样自主培养意志力？

①自我作业

体育课上认真观看教师示范，细心揣摩动作要领，一次次地独立完成教师所规定的动作。在学习一些有难度的运动项目时，你可以及时地向老师或者同学寻求帮助，解决课堂上的疑问，不要因为不会就轻易地选择放弃。

②自我要求

对自己严要求、高标准，不要轻易降低要求和难度。比如在 400 米练习时，你可以先制定短期内的目标，然后根据一个个短期目标实现自我挑战。

③自我监督

学会自我监督，做到老师在与不在一个样，测验与平时训练一个样，校内和校外锻炼一个样。

④自我暗示

学习名人名言，体会名人精神。榜样的力量是无穷的，你可以了解自己喜爱的运动项目中有哪些出色的运动员，然后参照他们的事迹给自己写一些合适的座右铭，在自己想要退缩的时候给予心理暗示，为自己加油鼓劲。

一个小任务，帮你学会团队协作

这节体育课要进行20米三人四足跑，同学们每三人一组，分小组比赛。老师让同学们自己组队，自行决定站位和"战术"，同学们个个摩拳擦掌，很快热火朝天地讨论起来。

没想到，其中一组突然吵了起来，老师赶紧上前安抚："先别吵，一个一个说。"

贝贝赶紧说："我觉得高个子应该站两边，他们非说高个子要在中间。"

小明说："那个不要紧，主要是，我觉得喊口号喊'一二一'，出腿'左右左'才好，他们总是跟不上。"

小军嘟着嘴说："老师，他们说的那些练一练就好了，可是刚才练习的时候，他俩都跑得太快了，根本不肯等我。"

老师对他们说："你们的想法都很有道理，不过，咱们每三个人就是一个小团队，你们要听听队友怎么想，大家都能接受的站位、口号和节奏才能让你们赢得更轻松哦。"

听说听听队友的意见可以赢得比赛，许多同学的眼睛都亮了起来，他们开始主动交换站位，重新制定口号，还有学生互相鼓励："按照口号跑，你一定可以的！""我会放慢速度，你要跟上我哦！"果然，几乎每个小组都顺利完成了比赛，成绩不理想的同学也没有互相埋怨，而是在意犹未尽地练习……

答疑解惑

孩子们出现"谁也说服不了谁"的问题，其实是拥有了越来越强的自我意识。对于他人的帮助和建议，哪怕是善意的也会选择排斥，觉得其他人插手自己的事情就是在"搞破坏"。

但是，我们要让孩子知道，任何人都不能独立完成所有事情，有了他人的帮助可以互相取长补短，把任务完成得更出色。

在学校体育课程中，有许多项目能培养孩子团队协作的能力，比如接力赛跑、篮球、足球、拔河和多人跳绳等。在这些项目中，个人就算再出色也是徒劳的，如果孩子明白了这一点，在以后的人际交往中也会顺利不少。

那么，在校园的体育课程之外，我们要怎样引导孩子们学会团队协作呢？

①借鉴教师在课堂上的教育方法，家校有机配合

体育课上，老师采用的方式多半为激发情感、放飞心灵、动作训练和总结沟通。

激发情感就是要引导孩子团队协作，让他们心服口服；

放飞心灵就是让孩子拥有心灵自由，了解他们的情绪，搞清楚他们为什么不愿意听别人的意见，为什么想要以自己为准，从而"对症下药"；

动作训练可以参考阳光体育亲子作业的相关项目，跟孩子一起完成，通过假装不得要领，需要孩子帮助的方式，让孩子学会助人；

总结和情感沟通则是在发现问题的同时看到孩子的进步，及时予以肯定和鼓励，让孩子感觉到适当克制"过于自我"的想法，学会与他人合作是一件快乐的事。

②从身边小事入手，适当学会放手

最有效的方法是，从孩子身边熟悉的生活小事做起。比如，全家一起外出旅行时，我们可以和孩子一起制定旅行计划，然后分配好每个成员的任务，让孩子一起参与进来。任务可以根据孩子的年龄制定，哪怕让孩子准备水果、烧烤调料和吃饭的小勺子，也能让孩子感知到自己是"家庭"这个团队的一员。

需要注意的是，行动前不要再专门提醒孩子"快点完成你的任务"，尽可能让孩子自觉完成。如果孩子的确忘记了，我们不要直接批评孩子，而是让他自己体验没完成任务的后果，比如没有水果吃，烤出来的食物没味道，美味就在眼前却只能用手抓着吃……这样让孩子可以意识到，自己的疏忽不但影响了自己，也影响了家人，使本来快快乐乐的活动逊色不少。这样的教育比任何语言都有效，能让孩子懂得，作为家庭的一员也要有"团队意识"，完成自己的职责才能把事情做好。

另外，让孩子参加夏令营、冬令营，对孩子团队意识的培养也具有非常重要的作用。在这些活动中，来自不同学校的不同性格的孩子相聚在一起，无论主题是素质培养还是体育拓展训练，都要求孩子在一个新的团队中进行。孩子在各种各样的团队活动中逐步获得了锻炼，团队意识也会在潜移默化中培养起来。

技巧延伸：篮球中的团队协作

篮球是普及度极高的一项团队竞技类体育运动，如果孩子喜欢打篮球，不妨告诉他，篮球比赛中有很多充分体现团队合作的技巧：

①传切配合

它是进攻队员之间利用传球、切入等技术组成的简单配合。这要求切入队员根据情况掌握切入的时机，果断快速地摆脱对手，并随时注意接同伴的传球。传球队员要运用假动作吸引牵制对手。当切入队员已摆脱对手并处于有利位置时，应及时、准确地把球传给他。简单来说，孩子要在最合适的时间把球传给最合适的队员，而不是一味靠自己的力量投球得分，在队员占据投球有利位置时懂得"锦上添花"，这个过程能让孩子学会取舍，信任同伴。

②掩护配合

掩护队员采用合理的行动，用身体挡住同伴的防守者的移动路线，使同伴摆脱防守，或利用同伴的身体摆脱防守，从而接球进攻的一种配合方法。好比老鹰捉小鸡的游戏，队员间要互相掩护，有防有守，确保持球队员可以进球得分，这种方式更能激发孩子团结凝聚的能力。

③策应配合

是进攻队员背对篮框或侧对篮框接球，由他作枢纽，与同伴相配合而形成的一种里应外合的配合方法。策应配合需要策应者及时抢位要球，接球后，两手持球于胸前，两肘外展保护球。策应者如果身材高大，也可把球置于头上，随时观察场上情况，以便及时把球传给处于最有利位置的同伴。这个过程更是考验团队协作的关键，要在注意自己的进攻机会的同时观察赛场大局，根据攻防情况，处理好内外结合的关系。

不如从现在开始，给孩子一个小任务吧！

想收获勇敢和自信？
试试学会尊重

三年级的小明虽然没什么运动细胞，但在体育课上一向非常认真。不过，最近老师发现了一些异样——自从开始练习"前滚翻分腿起"，小明总是以各种理由躲在队伍最后，甚至磨磨蹭蹭地逃避练习。几节课下来，他迟迟没能掌握这项运动，课堂积极性越来越低。自由活动时，老师悄悄把小明叫过来，旁敲侧击地问他是否遇到了麻烦。

小明低着头，支支吾吾地说："我、我怎么都翻不过去，样子难看死了，像翻不过身的小乌龟，他们笑我……上别的课也一样，要是有人回答不出问题，大家就笑得很大声。"老师听得一愣，回想起课堂上时不时出现的哄笑声，想起自己在教育方面的不到位，老师有些愧疚。他先是认真对小明道歉，给他加油打气，然后立刻让同学们集合，喊大家再练一次前滚翻。在老师的鼓励下，小明好不容易鼓足勇气走向了垫子，可他太过紧张，还是没能顺利完成动作。

这时，课堂上出现了一些嘲笑声，甚至有个别同学窃窃私语：“这么简单还翻不过去呀。”“真笨呀。”眼看着小明涨红了脸，老师拍了拍他的肩膀，说：“只差一点点就能站起来了，比上节课进步太多了，看来一定在家努力练习了！真不错，我小时候手脚笨又懒得练，这个动作足足练了一个月！”小明震惊地抬头看向老师，眼睛睁得大大的：“真的吗？”

“真的，不信咱们下节课再试试。”老师给他比了个大拇指，小明的脸上终于有了笑容。其他同学显然也很吃惊，议论声逐渐止住了。老师扫了刚才笑得最大声的同学们一眼，快速回忆着他们最不擅长的项目，装作不经意地说：“下节课除了继续练习前滚翻，还要练习'蚂蚁爬'和跨越式跳高。小峰，你给大家示范'蚂蚁爬'；小刚，你示范跳高……”

那几个同学的脸色"刷"的一白，老师继续说：“不过，如果他们做不好的话，大家也不要笑他们，而是要从他们身上看到需要注意的要点，既要自己注意，也要帮他们改正，明白吗？”“明白！”

那几个学生松了口气，若有所思。下课后，老师看到小峰朝小明跑了过去，说要陪小明练习前滚翻……

答疑解惑

➤➤为什么给自己打气，会有这么难呢？

体育项目具有刺激性和独特性，加之学生的体质、感官能力的不同，导致大部分学生怀有恐惧心理和畏难情绪。

值得注意的是，孩子在保护措施到位的前提下，短暂地克服恐惧并不困难。然而在体育课上，动作的失误往往伴随滑稽的肢体动作和其他同学的笑声，来自周围环境的负面刺激会让很多同学越来越害怕出丑，对这类项目此产生严重的抵触心理，想方设法逃避练习，表现自然会越来越差——时间一长，连站出来展示都做不到了。

此外，父母都希望自己的孩子勇敢自信，一旦孩子表现得"畏畏缩缩"，有些父母难免会训斥孩子，说孩子是"胆小鬼"，甚至给以处罚，这些都会对孩子的自尊心造成极大伤害，不仅改变不了孩子的胆小状况，反而可能使孩子的惧怕心理加重。

妙招一点通

➤ 家长们怎样做，才能让孩子更勇敢，更自信？

1、减少批评和干预，培养孩子的独立性。

想让孩子更加自信勇敢，就得让他们对自己的能力更有信心。最简单的办法就是尽可能让孩子独立做些简单的事情，哪怕是自己穿衣、收拾玩具、把饭吃干净。当然，也可带他们学习一些运动项目，如游泳、骑自行车、轮滑、篮球等。

如果孩子做得不好，先不必急于去帮助，应该"先等一会儿"，鼓励孩子自己去面对困难，克服其依赖性，使他们感到自己的能力有办法应付那些"家长认为他们难以做到"的事情。

对此，家长可以帮孩子准备一本集章本，每当他通过自己的努力解决了难题时，就奖励他一枚奖章。本子上的奖章就是孩子成长的最好证明，孩子也会越来越有信心。

2、尊重孩子，也教会孩子尊重

①尊重孩子的情绪

不要强迫孩子快速接受那些让他们感到害怕的事物，更不要一味掩盖他们的恐惧感。心理学家的研究表明，当父母承认孩子们害怕的东西客观存在的时候，孩子才更容易接受父母对"这些根本不可怕"的相关解释。

简单来说，孩子害怕什么，父母就教他们这类事物的知识。

比如有的孩子害怕猫、狗等小动物，父母不要说"这没什么可怕的"，而是可以给孩子讲一些动物习性，以及如何与这些动物相处，这样孩子才会清楚，只要保持恰当的距离，采用正确的相处方法，这些动物一般是不会伤害人的，孩子们的安全感也会更强。

再比如，有些孩子害怕游泳是因为害怕水，觉得到水里就不能用鼻子呼吸了，那么家长可以给孩子准备一副鼻塞，在孩子下水前给他戴上，告诉他这样可以保护鼻子；也可以在孩子洗澡的时候，帮他适应一下水里的感觉，在游戏过程中往他脸上泼水。慢慢地，孩子适应以后就知道，在保护措施到位的泳池里和在家中的浴缸里，并没有太大的区别。

②教孩子忍住嘲笑，尊重那些"出丑"的同学

在体育课堂中，不可能有学生擅长所有的项目，如果在别人出丑的时候不懂得收敛嘲笑的心思，那么自己也很难得到别人的尊重。时间一长，失去自信，没有勇气当众练习的学生只会越来越多，一旦让学生失去表达和展示自我的自信，造成的伤害将是难以估量的。

我们要告诉孩子，言语的力量是强大的，同学间的言语必然在一定程度上互相影响着，给别人更多鼓励，别人也更可能回馈我们善意。大家互帮互助，互相学习，暴露出缺点时得到的非但不是嘲笑，反倒是指点和帮助。如果尽可能多的孩子做到了这一点，孩子就更容易不怕失败，自信地展示自己。

3、注重父母的榜样力量

孩子特别爱模仿父母的言行，父母完全可以坦率地承认自己也曾害怕过某些东西，但现在已经通过某些恰当的方式不再害怕它们了。这样，孩子就会明白，他并不是唯一害怕这些事物的人。

另外，家长们可以和孩子共同学习一项运动，挑战自己的同时也给孩子树立了榜样，让孩子知道，这些事物并不那么可怕，是可以被征服的，恐惧的心理便会得到克服。

4、综合集体的力量

人类对群体的依赖特别大，据有关研究，人具有很强的从众心理，看到别人做什么就会做什么。在体育运动中也是一样的道理，家长可以带着孩子参加一些团体项目、素质拓展、极限运动，如足球、排球、攀岩、滑板、蹦床等，孩子看到其他人也在做，潜意识就会告诉自己，他们可以我也可以，从而鼓起勇气参与到其中，进而培养孩子积极向上、顽强勇敢的优良品质。

另外，在集体中，最好要让孩子感觉自己被需要，被需要的感觉能够给人们强烈的自信心，所以父母在生活中可以适当要求孩子帮自己做一些小事，比如拿一些报纸等，这样让孩子感觉自己被需要，感觉自己能够帮助父母，从而增强自己的自信心。

加油，别害怕，大家都在帮助你！

这些小学低年级入门项目，你学会了吗？

不够灵活怎么办？
像动物那样爬一爬！

　　最近，校篮球队的同学们在比赛中接连受挫。面对机警敏捷的对手，他们的反应总是慢半拍，最后连八强赛都没打进去。

　　这天，篮球队来了个新教练。简单了解情况后，他并不急着加大训练强度，而是把没精打采的队员们聚集起来，要求队长出列。队长小强低着头挪了出来，只听教练问道："会'蚂蚁爬'吗？能连续爬多远？"

　　小强觉得莫名其妙，随口答道："会，大概 20 米吧。"队员们的确做过这种训练，可他们觉得学动物爬来爬去活像小孩子闹着玩，从没认真对待过，小强最好的成绩也不过 15 米左右。教练笑道："太没自信了，亏你还是队长呢。来，今天就让大家看看你的真实水平！"

　　说完，教练让小强站在训练场的一端，给他戴上了一个眼罩："去吧，尽力爬，爬完了就放你回去休息。"小强不情不愿地弯下身子，笨拙地爬了起来。他不知道教练这葫芦里卖的是什么药，觉得自己像个马戏团里的小丑，听到队友们的窃笑声，他更想放弃了："累死我了，可以停了吗？"教练却大声说："继续，还差得远呢！"

小强接着爬行，很快，他一句话都说不出来了，身上汗如雨下，胳膊像被火烧灼一般。教练则一直鼓励着他："加油！继续！很好！就这样！"其中偶尔夹杂着队友细微的惊呼声。渐渐地，小强觉得手脚都不是自己的了，他感觉不到时间和空间，一心只想往前爬。终于，教练喊了一声"停下吧"，小强猛地瘫软在地，同时，队友们激动的欢呼声瞬间炸响。

什么情况？他摘掉眼罩，回头一看，只见自己竟从训练场的一端爬到了另一端，远远超过了30米！从那以后，亲眼见证"奇迹"的队员们重拾信心，并重视起了爬行训练。他们慢慢发现，自己身上有了些可喜的变化，在新的赛程中，篮球队成功闯进了四强赛，还夺得了季军呢！

答疑解惑

猜一猜，故事中篮球队的同学们身上发生了什么可喜的变化？教练为什么让他们练习爬行呢？

①身体更灵活，思维更敏捷

首先，爬行是一项全身协调活动，身体各部位的肌肉、韧带、骨骼甚至神经系统都会参与其中并得到锻炼。因此，爬行练习能使身体变得更灵活，也能让思维更敏捷。

②助力胸廓发育，强化心肺功能

在完成爬行动作的时候，胸廓会得到充分的舒张，进行爬行训练有助于儿童胸廓的发育，更好地锻炼心肺功能。

可见，爬行训练可以提高篮球及其他各项体育技能所需的各项能力，对我们的身体健康更是大有益处。

在小学低年级阶段，我们需要掌握的爬行姿势有高姿爬行、低姿爬行、仰卧爬行以及俯卧爬行；爬行方向有向前爬、向后爬、侧向爬。为了更直观地学习各种爬行姿势，可以结合多种故事情境，通过模仿动物爬行的方式，在模仿体验中掌握不同的爬行技巧。

拿出一块垫子，我们一起爬一爬！

动作要领

海狮爬（低姿爬行）

海狮爬（低姿爬行）

如图，俯卧在垫子上，两臂伸直，将上半身撑起，双手指向外侧；

将两脚并拢，脚面绷直，贴在垫子上；

保持这个动作，双手交替，带动身体向前爬行移动。

大象行（高姿爬行）

大象行（高姿爬行）

如图，两脚左右开立，上体前屈，用手掌或拳头撑住垫子；

手臂和腿充分伸直，左侧手脚蹬撑，使身体重心右移，左侧手脚同时离垫，向前移行；

右侧手脚蹬撑，使身体重心左移，右侧手脚同时离垫，向前移行；

上述动作反复交替，向前爬行移动。

鳄鱼爬（俯卧爬行）

鳄鱼爬（俯卧爬行）

如图，俯卧在垫子上，双臂屈肘撑住垫子；

爬行时，单侧手臂保持屈肘状态前伸，同时对侧腿屈膝，成前臂与小腿俯撑姿势；

异侧前臂和小腿交替屈伸，带动身体向前爬行。

蚂蚁爬（仰卧爬行）

蚂蚁爬（仰卧爬行）

如图，仰卧在垫子上，屈体双手撑垫，模拟蚂蚁状；

两手五指向外分开，两腿屈膝，两脚分开撑垫；

用异侧的手和脚交替向前或向后爬行移动。

家庭学练小贴士

1. 如果场地较大，可每次爬行 10–20 米（或爬行 5 分钟），结束后俯在地上休息 2–3 分钟，然后继续训练。爬行 3 次为 1 组，练习组数依据循序渐进原则，视孩子个人能力而定。

2. 如果场地较小，可先向前爬一个 8 拍，再向后爬一个 8 拍，前后交替，各 4 个 8 拍；然后改为左右横爬，先向左横爬一个 8 拍，再向右横爬一个 8 拍，左右交替，各 4 个 8 拍。前后左右四个方向全部完成为 1 组，做完后休息 2–3 分钟，然后继续训练。练习组数同上。

3. 进行爬行训练时，爬行姿势宜多变，上述四种姿势可交替练习。爬行方式亦可灵活多样，练习时可以将常规的直线向前爬、慢速向后爬、左右爬与曲线爬、环形爬等方式结合起来。

难点分析与对策

易错点一：海狮爬（低姿爬行）手型及脚部动作容易出错，如双手指向前方甚至内扣，脚尖撑地等，从而影响训练效果。

提示：如图，手部方向朝外，两脚面绷直贴住垫子。

海狮爬

脚面贴垫　指掌向外

易错点二：鳄鱼爬（俯卧爬行）过程中背部拱起，同手同脚，导致身体重心过高。

提示：如图，爬行时将腹部收紧，让腹部始终贴在垫子上，用异侧手脚交替屈伸前行。

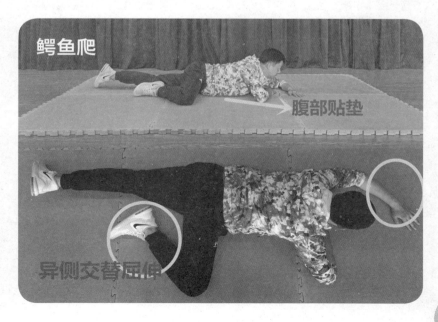

鳄鱼爬

腹部贴垫

异侧交替屈伸

易错点三：蚂蚁爬（仰卧爬行）时腹部放松，臀部坐于地面，过多依靠手臂支撑身体，身体重心过低。

提示：腹部发力，感受由腹部分担四肢压力，支撑身体重量的感觉。爬行过程中保持腰腹的紧张感，使臀部始终离开垫子。

蚂蚁爬

腹部支撑用力

没看明白？不要紧，扫码观看练习视频，跟着老师动起来。

跳绳，在玩耍中锻炼身体

前些年，广州七星村有这样一群孩子。为了生计，父母在他们很小的时候就离开家里，外出打工。父母留在家里的孩子也没有幸运到哪里去，每天放学回家都要第一时间赶去作坊，帮父母干活。有些父母还会把孩子身份证上的年龄偷偷改大两岁，只为让他们早日工作，补贴家用。

他们日复一日过着这样的生活，直到有一天，七星小学来了位胖胖的体育老师。他想教孩子们打篮球，可条件简陋的学校并没有没有篮球场，他挠了挠头，灵机一动："要不，我带你们跳短绳吧！每人一根，弄丢了你们可要自己买哦。"孩子们拿到老师买来的短绳，开心极了。这是他们人生中第一个全新的玩具，又怎么舍得弄丢呢？跳着跳着，七星小学的跳绳社团就这样成立了。

这是孩子们难得的放松时刻，至少不用考虑生计，不用干活，他们能获得短暂的快乐和自由。最开始，他们哪怕不知怎么跳绳也要不停地练习，就算受伤也不肯停下。时间久了，跳绳影响了他们帮父母干活，孩子们的父母不干了，纷纷来学校抗议，要求取消跳绳社团。迫于压力，校长只得对体育老师说："镇上刚好要组织比赛，你们天天这样跳，如果连前六名都拿不到，社团就别办了！"体育老师听了，无奈地瘫坐在操场上，逐渐萌生了放弃的念头。

这时，几个孩子走过来对他说："老师，您别担心，我们不怕取消社团，只要您不被开除，社团在不在都一样。"听了这话，老师倍感温暖，也重获信心。他们找准方法，一起努力，白天练习，晚上就研究国外运动健将的练习视频。

镇上的比赛结束了，他们并没有拿到第六名——因为他们获得了第一名！再后来，这些孩子势如破竹，拿下了全国冠军，在他们的影响下，加入学校跳绳队的人越来越多……

当初那几个了不起的孩子叫什么名字呢？

钟伟锋，亚太锦标赛30秒交叉跳冠军。

韦杏亲，30秒、3分钟单摇世界冠军。

张崇杨，30秒单摇、个人花式世界冠军。

从那以后，七星小学陆续培养出了20多名跳绳世界冠军，奇迹还在继续……

课前预习

小学短绳中，低学段（1、2年级）先学习并脚跳短绳，熟练掌握后，在中高学段（3—5年级）逐步过渡到单脚轮换跳绳，增加跳绳的速度和频率。

练习开始之前，要先确认适合自己的绳子种类。市面上的绳子主要包括麻绳、塑料绳、钢丝绳、竹节绳。其中还分有柄和无柄。

塑料绳：重量轻，弹性强，硬度弱，色彩缤纷。适用于初学者训练绳。

麻绳：重量较重，弹性不强，硬度强。常用于上海运动比赛及专业测试用绳。

钢丝绳：重量较重，硬度强。常用作专业竞速类比赛用绳。

竹节绳：重量较轻，弹性较强，外观漂亮宛如竹节。因此通常用于花样跳绳项目用绳。

在居家练习及校园课程中，我们常用的跳绳为塑料绳。另外，初学者建议选择有柄跳绳，以便掌握正确的握姿动作。

动作方法

如图，首先调整绳长，将绳拉直，手柄在腰部为合适长度。

①并脚跳短绳：

双脚并拢，两手握绳协调发力，将绳由两腿后向上、向前绕身体抡动，同时双脚在绳子经过时跳动。初学时手摇绳幅度可以大一些。

并脚跳短绳

②单脚轮换跳绳：

双手握绳，将绳从推后向上、向前绕身体抡动，两脚在绳子经过时依次轮换跳动。

你学会跳绳了吗？来扫扫这个二维码，跟着老师一起跳！

➤ 难点一：孩子双脚不会发力，老是"踩地板"怎么办?

跳绳时孩子双脚不会发力，老是"踩地板"，是因为孩子跳跃时用全脚掌着地，不知道用前脚掌发力。

首先，要选择鞋底较软，鞋帮较高的运动鞋。这样可以保护孩子的脚部，避免在跳绳过程中扭伤。

其次，双手叉腰，前脚掌发力，做"10–15秒原地静力"练习，让孩子感受正确的前脚掌发力点。随后进行"原地前脚掌跱起模仿跳跃"练习，让孩子逐渐改掉全脚掌着地的习惯。

前脚掌跱起练习

如图，试着不断跱起落下

难点二：甩绳与跳跃不协调怎么办？

可将有柄绳挂在脖子上，双手握住两端手柄约 10cm 处跳绳位置，进行"原地甩绳"动作，手柄具有一定重量，可以帮助孩子体验甩绳的感觉。

结合上述难点中"原地前脚掌跳跃"的方法，进行"原地手脚模仿跳绳"动作，帮助寻找适合孩子自身的甩绳节奏和频率，熟练掌握后再逐步进行正常的跳绳练习。

记得跟着视频反复甩绳练习哦

加油，我们一起跳一跳！

操练起来，你是一位"小英雄"！

你知道哪吒闹海的故事吗？传说陈塘关总兵李靖的夫人怀胎三年零六个月后，竟然生下一个肉球，光芒四射，里面跳出一个男孩。

李靖闷闷不乐，一位名叫太乙真人的道长却来贺喜，为孩子取名"哪吒"并收他为徒，还当场赠他两件宝物：乾坤圈和混天绫。哪吒七岁那年，天旱地裂，东海龙王滴水不降，还命夜叉去海边强抢童男童女。这时，他挺身而出，用乾坤圈打死夜叉，又杀了前来增援的龙王之子敖丙。在龙王报复，水淹陈塘关之时，哪吒为了全城百姓的安危悲愤自刎。事后，太乙真人借莲花与鲜藕为身躯，使哪吒还魂再世。复生后的哪吒手持火尖枪、脚踏风火轮，大闹龙宫，战败龙王，为民除害。

哪吒年少但法力高强，可以变化为三头六臂，又有斩妖剑、砍妖刀、缚妖索、降妖杵、绣球儿等法宝，变化多端。每逢托塔天王挂帅出征，哪吒必然前往，有时当先锋，有时为大将，先后降服九十六个妖魔，是天上人间公认的少年小英雄。

哪吒为什么这么厉害，我们能做到吗？

哪吒"打起架"这么厉害，是因为用到了中国武术。虽然并不是每个人都能成为武功高强的小英雄，但一样有机会掌握一些用来强身健体的基础套路。

武术作为一种民族体育项目，受到学生们的普遍喜爱，小学阶段有五步拳的学习，到初中会有武术套路的课程设置，武术也是中考项目之一。

小学低年级阶段，同学们要练习的武术多为看似简单，却需要扎实掌握的基本功，包括纵叉、横叉、压肩、（正、侧）压腿、（正、侧）踢腿，以及三种手型和两大步法。

初步学习武术基本功，孩子们最好要将基本动作组合起来练习，以便更好地学会正确的武术动作姿势，发展协调、平衡和灵敏能力。

适当练习武术有助于培养孩子勇敢顽强的精神，体验运动中的兴奋和紧张，培养自尊心和自信心，体会到学习的成功与快乐，久之能够让孩子更好的适应社会，拥有良好的武德和合作精神，增强他们的民族自豪感。

动作方法

①三种手型"拳、掌、勾"示例

拳：四指并拢，握于掌心，拇指弯曲压在食指中指第二关节上

掌：四指并拢伸直，拇指弯曲，手掌向后伸张

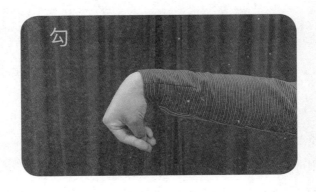

勾：五指撮在一起，腕关节弯曲

②两大步法"马步、弓步"示例

马步：

两腿平行开立，两脚间距为三个脚掌的长度；

下蹲，脚尖平行向前，勿外撇；

两膝向外撑，注意膝盖不能超过脚尖，大腿与地面平行；

同时胯向前内收，臀部勿突出；

含胸拔背，勿挺胸，胸要平，背要圆，两手握拳抱于腰侧，拳心向上。

熟练掌握马步动作后，与前面的手型相结合，完成"马步架打"

弓步：

弓步可分为左右弓步。

以左弓步为例，完成动作时左脚在前，右脚在后，前后分开；

左膝前弓，右腿微屈后伸，重心放在两腿之间稍前；注意抬头、挺胸、塌腰。

正压腿：

把脚放在与腰同高的物体上，髋部后坐，臀部要平（最开始练习时可将脚放在地上，逐渐垫高，逐渐达到脚与腰同高的程度）。

支撑腿与地面垂直，膝部挺直；

被压腿脚尖向上并有意识地向回勾扣，上身用力向前移动，使被压腿成一直线。

正踢腿：

挺胸、直腰，双臂打开。

踢腿时脚尖勾起绷落，或勾起勾落。收髋猛收腹，踢腿过腰后加速，要有寸劲。

想更好地掌握正压腿和正踢腿吗？跟着老师一起练！

学练小贴士

①准备活动

练习前，可做一些腰、胯、膝、踝关节、腿部肌肉的准备活动。因为肌肉、韧带的伸展性与肌肉的温度有关，通过准备活动，可提高肌肉的温度，降低肌肉内部的粘滞性，有利于腿部柔韧性练习。

②循序渐进

确认孩子肌肉素质和柔韧性的具体情况，动作幅度由小到大逐步增加，动作规范，分步进行。初练时，不宜做强度很大的练习。以几天为周期，腿部肌肉变得柔软而富有弹性时才可进行下一步，要循序渐进，防止肌肉拉伤。

③及时鼓励

进行腿部柔韧性和武术练习要不断重复动作，对孩子来说枯燥乏味，尤其是练到一定程度，还会有腿、髋部酸痛的感觉，这是练习者出现的类似长跑运动员一样的＂疲劳期＂，此时最重要的是要有坚强的意志，有苦恒之心，不可停歇，因为腿功柔韧素质与腿功其它素质比较起来既容易发展，也容易消退。

此时家长应鼓励孩子做自我调整，适当减轻下压力度、幅度，减少压腿时间，或是进行踢腿练习，与压踢结合等。只要坚持下去，酸痛的感觉会逐渐消失，那时可以表扬他们为自己取得的成绩。

难点分析与对策

难点一：孩子动作不规范，学习态度不积极，怎么办？

①将动作要领编成儿歌或口诀，让孩子更容易记住。

正踢腿口诀：

前后开立身体正，后脚内扣不拔跟，前腿膝盖对脚尖，后腿用力蹬直线。

马步口诀：

左右开立三脚宽，脚尖平行正向前，膝盖外展大腿平，挺胸塌腰向前看。

②介绍抱拳礼和习武先习德的中华传统思想，端正孩子学习武术基本功的概念。

还可以结合孩子们喜欢的英雄故事或武侠小说，将武与德统一，让孩子知道基本功练习不仅是学好武术的基础，还有利于锻炼自己的意志力。

练习抱拳礼时一定要注意，左手（掌）在上，右手（拳）在下，不要弄错哦！

> **难点二：面对韧带的疼痛感和肌肉的酸痛感，孩子难以坚持，怎么办？**

居家辅助练习：

①借助与武术有关的音乐、故事和电影，自制"风火轮"（圆形餐垫）和"火尖枪"（晾衣架）等，在练习弓、马步时把"风火轮"放在腿上，不能让它掉下来，也可以用脚踢"火尖枪"……用小道具提升孩子的练习欲望，拥有成为小英雄的角色代入感。

②运用老虎、蛇、螳螂和鹤等动物的卡通图片，分别让孩子分辨和模仿虎拳、蛇拳、螳螂拳和鹤拳，用这种直接的视觉刺激调动孩子积极的兴趣，在识别、模仿动物特征的过程中提高观察能力和模仿能力。

成为神射手要做到什么？远和准

这天晚饭后，小明跟爸爸一起看电视，体育频道正在转播女子射箭锦标赛，代表中国出战的运动员名叫张娟娟。

爸爸告诉小明："这位女将特别了不起，她为我国拿到了史上第一枚射箭奥运金牌，实现了中国射箭史上零的突破！"小明听得两眼放光，一会儿眼巴巴地瞅着爸爸，一会儿盯着这位厉害的运动员瞧，嘴里嘟囔着："我也想当这样的神射手。"

爸爸笑道："那我来考考你，射箭除了要射得远，还要做到什么呢？"小明眨了眨眼睛说："当然是射准啦！"

爸爸笑眯眯地说："没错，你看张娟娟阿姨在比赛中是怎么做的？她先是眼看目标，然后调整方向，最后找准力度，快速射出……""原来是这样！"小明兴奋地叫。

第二天的体育课上，老师教大家"持轻物掷准"，还说这个项目的秘诀就是"瞄准目标""肩上屈肘"和"快速挥臂"，还要根据每次出手的实际情况调整出手角度和力度。小明觉得这些话特别耳熟，回忆起昨晚看比赛时爸爸说过的话，发现持轻物掷准和射箭竟有异曲同工之妙！他心里默念着诀窍，配合着流畅的动作，最后在老师组织的班级小组比赛里，获得了第一名的好成绩……

答疑解惑

扔一件轻物不是很简单吗？为什么需要专门练习？

其实，轻物投掷也需要一定的动作技巧，并非随意乱扔。

在小学阶段的投掷学习中，一、二年级的低学段学生要先体验肩上快速自然挥臂的感觉，掌握简单肩上投掷的动作和方法，熟练掌握后，能为三至五年级中高学段的垒球投掷项目打好基础。

动作方法

①持轻物掷远：

两脚前后站立，侧向投掷方向。

手持轻物高于头，肘高于肩，快速转体，挥臂将轻物经肩上掷向前方。

肘高于肩
手高于头
快速挥臂

②持轻物掷准：

两脚前后站立，面向投掷目标，手持轻物高于头。

肘关节向前，快速挥臂，将轻物投向目标物。

学练小贴士

①持轻物投掷的居家练习比较简单，确认适合孩子的轻物种类即可。

②可以选择海绵球、毛绒球、羽毛球、小沙包等。

难点分析与对策

▶**难点一：如何做到投掷得远？**

居家练习中，可以为自家孩子准备一张白纸，一张可以贴在墙上的贴纸，以及一个轻物（如海绵球）。

首先将白纸折成"纸炮"，将贴纸贴在家中的一面干净的墙上。

孩子先手持"纸炮"，做掷远模仿练习，"纸炮"甩出来的响声大，说明挥臂用力且迅速。

熟练掌握后，面对贴纸保持三米的起始距离，进行对墙肩上投掷，根据投掷能力和命中次数（练习次数根据自身情况设定），逐步增加与墙之间的距离。

在反复练习中，逐步做到"指哪打哪"。

难点二：如何做到投掷得准？

居家练习中，可以为自家孩子准备洞口由小到大的三个桶（如小零食桶、垃圾桶、大的水桶）和一个轻物（如海绵球）。

将目标桶摆在距离不同的三个地方（不要在同一水平线上），面对目标桶保持一米的起始距离，进行掷准练习。

注意瞄准目标，肩上屈肘，肘关节向前，快速挥臂。根据每次出手调整出手角度和力度，逐渐提高投掷能力和命中次数（练习次数根据自身情况设定）。

根据目标调整
出手角度和力度

根据目标调整
出手角度和力度

　　熟练之后逐步增加与目标物距离，再次练习，逐渐成为一名"神投手"。

　　你与"神投手"的距离，只差一个二维码啦！

你知道吗?
可以跟小蝌蚪学跳远

课前故事

　　小朋友喜欢跳来跳去，但要让他们在体育课上认真又开心地掌握立定跳远，也并不是那么容易的事情。这节课前，张老师先问了同学们一个问题："你们知道小蝌蚪长什么样子吗？"

　　小美赶紧举起手，大声说："我知道！它是黑色的，有大大的脑袋和长长的尾巴！"

　　张老师适时表扬了她："小美说得很对。老师还有一个问题，你们知道小蝌蚪是怎么游的吗？"

　　同学们一时说不清楚，便争先恐后地比画起来。有的同学伸出手，把双手当成小蝌蚪长长的尾巴；有的同学在这个基础上，把脚尖踮起来轻轻地移动。

　　张老师笑着认可了大家，还用小音箱播放音乐，让大家都扮演小蝌蚪，自在地"游"了一会儿。

　　接着，她变魔术似的拿出一张长出了两条后腿的小蝌蚪的图片："咱们的小蝌蚪游啊游，很快就长大啦，长出了两条后腿。他们看见鲤鱼妈妈在教小鲤鱼捕食，就迎上去问自己的妈妈在哪里。鲤鱼妈妈就告诉小蝌蚪——你们的妈妈有四条腿，长着一张宽嘴巴，你们去别处找吧。"

"是小蝌蚪找妈妈的故事，我听过！"贝贝高兴地说。

张老师点点头："没错！来，大家已经是长出后腿的小蝌蚪了，虽然还有尾巴，但游泳的方式要变一变。现在，小蝌蚪应该怎么游呢？"同学们站在原地思考起来，很快，大家就想到了办法——还是把双手当成小蝌蚪的尾巴，一边蹬腿，一边甩手。

张老师夸奖道："对，非常好！接下来，小蝌蚪们终于长出了前腿……"没等她说完，同学们就自己变换了动作，放弃了用"尾巴"游动，把双手缩在身体旁边当短短的前腿，然后边蹬后腿边游。

最后，张老师拿出一张青蛙蹲在荷叶上的图片，宣布了故事的结局："小蝌蚪们长成了小青蛙，它们顺利地找到了妈妈，并跳到了妈妈休息的荷叶上。那你们知道小青蛙是怎么跳的吗？老师先来给你们表演一个！"

说完，她放下图片，边念口诀边做："一前上摆臂，二后摆屈膝，三两脚蹬地，四双脚轻落地。这个动作就叫'立定跳远'，我们一起试试吧！"

就这样，同学们在张老师的口诀下认真地练习着，很快便学得有模有样了。

答疑解惑

立定跳远真的跟青蛙跳一样吗？

立定跳远是一项传统田径比赛项目，曾经也是奥运会比赛项目。立定跳远要求运动员不使用助跑，而是从立定姿势开始的起跳，跳跃途中只准离地一次，否则视为犯规。

2014年《国家学生体质健康标准》中规定，立定跳远是初中、高中、大学每年体质测试的必测项目。

有趣的是，1904年，在美国圣路易举行的第三届奥运会上，尤里蝉联了立定跳跃的全部三项冠军。在这届奥运会上，由于许多欧洲选手付不起昂贵的路费，未能前往美国参赛，只有12个国家的运动员出席，选手共625人（其中美国人占533个），参加立定跳跃的4名选手均是美国人，因此尤里很轻松地战胜了对手。

后来，世界田径大赛里面取消了立定跳远这个项目，所以这个100多年前的世界纪录就成为了迄今为止的最后一个记录了，后期即便有人超过这个距离，也因为没有世界级的体育组织承认，而没有成为新的纪录。

立定跳远的主要功能：

增强下肢力量，提升跳跃的爆发力和蹬摆协调性。

动作方法

立定跳远12字口诀：手脚配合，起跳有力，落地平稳。

首先两脚自然平行开立，两腿屈膝，上体稍前倾；

准备动作与摆臂

两臂随两腿自然屈伸而前后摆动，当两臂前摆时，两脚用力蹬地，向前上方跳出；

起跳动作

落地时，小腿前伸，以全脚掌或脚后跟先着地，同时屈膝缓冲，保持身体平衡。

立定跳远完整动作

设置起跳点／线

落地动作

　　扫码观看训练视频，试着跟老师跳一跳！

①初学时可以先练习双脚跳，根据低年级学生的年龄特点，可在地上放置小圆垫或贴上两个小脚丫图案，让孩子根据图案进行双脚跳练习，学会双脚同时落地。

②引导孩子做上下肢蹬摆配合练习，提高动作协调性。

③家长做好防护，对于练习有困难的孩子，尤其是由于错误动作造成落地不稳的，应及时纠正。

难点分析与对策

▶难点一：如何做到双跳双落？

居家练习中，在地上放置小贴纸或贴上两个小脚丫图案来作为标志物，引导孩子进行双脚跳跃练习（图为便利贴标记），体会双跳双落过程。

熟练后，可以增加贴纸数量，进行连续的双跳双落练习，巩固记忆。

双起双落练习

双腿同时起跳
双脚同时落地

难点二：如何掌握正确的摆臂起跳动作顺序？

在居家练习中，要掌握正确的摆臂起跳动作顺序，我们可以进行原地摆臂纵跳练习。起跳前，手臂快速摆动，两脚前脚掌同时向上用力。蹬地起跳，落地，屈膝蹲下，原地缓冲。上述动作熟练后，可进行向前跳远练习，加深记忆。

摆臂纵跳练习

起跳用力蹬地
落地屈膝盖缓冲

难点三：如何掌握起跳后的快速收腿前伸动作？

在居家练习中，为了正确掌握起跳后的快速收腿前伸动作，我们可以在跳跃的中点放置一个较矮的毛绒玩具作为障碍物，进行起跳高度练习，让孩子体验快速收腿前伸的过程。

立定跳远辅助练习
——起跳高度

收腿跳过
一定高度

熟练后，拿掉障碍物，进行正常的立定跳远练习，巩固记忆。也可以如下图所示，增加玩具数量，将玩具在前方摆开，锻炼孩子的远度练习。

什么？ 滚来滚去也能锻炼身体？

课前故事

一个阳光明媚的午后，老师在操场上铺了一块块五彩斑斓的瑜伽垫，说要带大家练习翻滚中的基础——各种滚动，要点是低头，含胸，团身紧，协调用力和滚动连贯。讲完后，老师演示了几遍动作。

看着老师的样子，大家都乐了，贝贝在旁边笑着说："这个动作好像遇到危险的小刺猬！我拿小木棍戳过小刺猬，它就像老师这样，把自己团起来滚动！"老师回应道："没错，咱们今天就来模仿小刺猬！"同学们也叽叽喳喳地笑起来，随后接二连三地尝试练习。贝贝一次又一次尝试着，但效果好像不太好，他有点气馁了。老师马上让大家暂停，还念了一首儿歌，让大家牢牢记住，根据儿歌的内容再试试看：

低头含胸手抱膝，腹部大腿要贴牢。

大腿小腿靠得紧，向前向后用力摇。

贝贝率先跟着儿歌试了试，进步果然明显。大家都受到了鼓舞，纷纷念着儿歌练习着。临近下课时老师组织了小组之间的比赛，结果大家的动作都很完美，难分高下。老师表扬了每一位同学，操场上响起了此起彼伏的掌声和欢笑……

答疑解惑

不同阶段要掌握怎样的滚翻动作？

一、二年级要求：各种滚动，前滚翻，连续连滚翻

三年级要求：前滚翻分腿起，后滚翻，前滚翻接后滚翻

四年级要求：远撑前滚翻，后滚翻接燕式平衡

五年级要求：后滚翻接跪跳起，滚翻组合练习

动作方法

①前后滚动：

低头，含胸。臀、腰、背、肩、头部依次触垫后，迅速压腿向前滚动。

②左右滚动：

以向左侧滚动为例，身体正直，重心移向左侧。

同时右手、右臂、右腿用力推，压垫，左肩、左髋先触垫，滚动180度后还原。

通过各种滚动练习，体验重心变化给身体带来的不同感觉。逐步形成正确的身体姿态。为后续学习前滚翻，后滚翻等动作打下坚实的基础。

难点一：居家做前后滚动时如何解决仰头、团身不够紧的问题?

解决对策：在居家练习中，可以为孩子准备一只大小适中的毛绒玩具（或海绵球），滚动前将毛绒玩具抱至胸前，用双膝和头顶住玩具。然后进行垫上的前后滚动练习（练习次数根据自身情况设定）。

体会低头、含胸、团身紧的作用。熟练掌握后，拿掉玩具再次练习，巩固动作。

将毛绒玩具抱至胸前，双膝和头顶住玩具
体会低头，含胸，团身紧的作用

难点二：居家做左右滚动时如何能解决滚动路径正确且保持直线?

解决对策：在居家练习中，为孩子准备一至两只大小适中的毛绒玩具（或海绵球）。以向左侧滚动为例，将玩具作为参照物，放在完成一次滚动路径的终点上，正对头和腿的位置。然后进行向左滚动练习。

完成一次滚动时，身体会刚好触碰到玩具。根据成功次数，增加滚动次数的路径距离放置玩具，继续尝试。

熟练掌握后，拿掉玩具，进行正常练习。

将玩具作为参照物，放在完成一次
滚动路径的终点上，头和腿的位置

扫扫二维码，跟老师一起"滚一滚"！

练完跳绳，单脚双脚跳一跳

　　有个村子依山傍水，进巷子都是拾阶而上，那一道道石阶成了当地孩子们"跳房子"的天然游戏场地。他们的"跳房子"就是单脚跳上一道阶梯又跳下，这样就能画上一座小房子，单脚跳上七道阶梯就算胜利，如果一下子能跳好几级台阶，当然也能算赢，所以，他们的"跳房子"要难一些。

　　莉莉是个胖胖的姑娘，身体不够灵活，玩"跳房子"经常输，也经常哭鼻子。这天晌午，她又一次跟小伙伴一起玩，跳第三道阶梯时，她试了一遍又一遍，始终跳不上去，汗急出来了，眼泪也急出来了。

　　"快跳呀，快跳呀！要回家吃饭了……"听到伙伴们的催促，莉莉感觉自己特别无能，忍不住一屁股坐在第三道石阶上，双手死死抱住自己蜷起的右脚，"哇"的一声哭了起来。小伙伴们吓坏了，有的帮她擦眼泪，有的给她抚背，还有的非常细心，见她抱着右脚不放，关切地问她有没有受伤。

　　莉莉哭着说："我这只脚哪里敢落地呢，会输的……"大家哭笑不得，只好鼓励她："那我们陪你再试试，不行就先回家吃饭，吃饱了才有力气！"莉莉破涕为笑，单脚站了起来，也许是刚才哭那一场让她休息好了，也许是决心能让人力量无穷，她咬紧牙关，奋力一跳，终于跃上了第三道石阶！

答疑解惑

我们都会双脚跳，为什么也要练习单脚跳?

单双脚跳是小学生最早接触的跳跃练习之一，技术动作简单却实用，是立定跳远、蹲踞式跳远等跳跃项目的基础。

掌握单双脚跳的各种方法，能让孩子们的跳跃能力得到明显的提高，促进身体机能的发展，提高孩子的速度、力量和身体的协调性，发展思维的敏捷性、有序性及创造性，培养孩子勇于克服困难的意志品质。

动作图示

常见的单双脚跳跃方法如下：

①按跳跃动作方向分：

向前后跳、向左右跳、向上下跳；

②按动作分：

单脚跳、双脚跳；

③按起跳和落地分：单跳单落、单跳双落、双跳双落。

跟着图片，自己试着跳一跳！

单跳单落

单跳双落

双跳双落

①根据孩子的年龄特点，可以先练习单一方法的跳跃，巩固他们的跳跃基础，再通过直线的单脚、双脚连续跳，逐步过渡到非直线的、不同方向的连续单脚跳、双脚跳。

②在进行跳跃练习时，要避免在坚硬的场地上，如水泥地等。家长要适时进行安全知识的传授，以便安全且有效地促进孩子下肢肌群发育，发展身体的协调能力和灵敏素质。

③家长要注意给孩子建立身体协调用力的概念，重视手臂在跳跃练习时对提高身体平衡能力的作用。与此同时，家长可以多与孩子们进行亲子活动，鼓励他们探索多人练习的乐趣。

难点分析与对策

难点一：孩子蹬地起跳没有力气，怎么办？

根据低年级孩子的年龄特点，可以借助他们感兴趣的卡通玩具，将一定高度的玩具放置在面前，让孩子进行跳过一定高度的练习，并逐渐增加物体的高度。

逐渐增加物体的数量和物体的间距，并用颜色各异的物体增加他们的兴趣，吸引他们的注意力，提高练习主动性，引导孩子更有力地蹬地。

难点二：孩子身体不平衡，落地不轻巧，怎么办？

①口诀记忆

当孩子无法记住动作的要点时，可以编授简单的单双脚跳的口诀，让他们易于接受，例如："双腿用力蹬，手臂齐发力。缓冲要屈膝，落地稳又轻。"

②情境创设，激发兴趣

如给孩子设置这样一个场景：一个清晨，在安静的森林里，小兔子起来摘胡萝卜，他是怎么跳的呢？他是双脚一起起跳，一起轻轻落下的（双起双落）……这样的方式鼓励他们落地要轻巧，开发孩子想象力的同时，练习他们的下肢灵敏素质和平衡能力。

站起来，跳一跳，跟老师一起攻克重难点！

滚动的是小皮球，锻炼的却是你！

保龄球，又称地滚球，是由持球者使球沿着球道向终端排成正三角形的十个球瓶前进，最终击倒球瓶的运动。

这项运动有着室内活动所具备的明显优势：不受时间、天气等外界条件的影响。同时，保龄球不受年龄的限制，易学易打，是一项男女老少皆宜的体育运动。它的起源可以追溯到古埃及，人们在那里发现了类似现代保龄球运动的大理石球和瓶。真正的保龄球运动最早开始于德国，并在 14 世纪初演变成为德国民间普遍爱好的体育运动项目。后来，荷兰人和德国人的后裔移居美国，便把保龄球传到了美国。在 16 世纪时，人们通常用 9 个瓶子来玩保龄球的游戏，数年后演变成 10 个木瓶，瓶的摆设形状也从钻石形变成三角形。

答疑解惑

让球在地上滚，真的能起到锻炼作用吗？

地滚小皮球要求学生掌握快速挥臂的肩下滚掷球的方法，围绕着地滚球的"速度"和"准度"进行练习，使学生能用地滚球的方法击中一定远度的目标。

适度的练习可以有效提升孩子的上肢及腰腹力量，加强关节灵活性，提高手臂的支撑能力。同时，孩子对身体方位感的控制能得到改善，平衡力及协调性、灵敏性等素质也能得到明显的提高。此外，地滚小皮球运动可以培养孩子不畏困难的决心和顽强坚持的精神，让他们体会到学习的快乐。

动作方法

面向目标方向，两脚前后开立，两腿屈膝微蹲。

手持球由后经体侧向前用力挥臂，注意肩、肘、腕成一条直线。

在小皮球贴近地面时出手，让小皮球向正前方滚出。

手、肘、腕成1条直线

①运动安全第一条

提醒孩子在活动中要注意观察四周，建立安全的活动距离，不仅要在体育运动过程中进行教育，还要将其延伸到课外，结合孩子的生活经验，预防由于不安全球类练习引起的伤害。

②循序渐进，由易到难

若要提高准度，可以在一定距离外将球脱手滚出，击中一定目标，引导孩子滚至固定的方向，激发学练兴趣，不能过分追求精准度而影响最关键的速度。在速度方面，可以通过增加孩子与目标之间的距离来提高练习难度。

③适当的鼓励

注意激发孩子的潜能，在安全有序的情况下，鼓励孩子充分突破自我，给予他继续尝试的勇气，帮助他安全地进行地滚小皮球的活动。也可以组织亲子游戏或与同伴的比赛，体验地滚小皮球的乐趣。

难点分析与对策

难点一：小皮球滚动距离短、速度慢，怎么办?

"居家小皮球"制作：为孩子居家制作一个"小皮球"只需要用到报纸或者纸球，将报纸团起来，团成小球的形状，用胶带加以固定。

①地滚小皮球动作可以通过念儿歌的方式巧妙记忆：

小小脚，前后站；小膝盖，要弯曲。

小小手，向前挥；小小球，亲大地。

引导孩子记住儿歌，并完成动作模仿。

②可采用两人结伴游戏、比赛的形式，如"对墙反弹球比远""谁的球滚得远""谁的球能爬陡坡""打保龄球"等，在游戏中感悟由后向前快速挥臂的重要性。

难点二：地滚小皮球经常滚歪，怎么办？

居家练习：

1. 可以鼓励孩子充分发挥自己的想象力，在掌握动作的基础上，在家中通过构建情景游戏。

①"初级钻山洞"：找一扇门，距离房门 2 到 3 米处，让小球滚过房门。

②"山洞变窄了"：让两把椅子背靠背，将椅子的间距调整为肩

膀的宽度，让小球钻一钻山洞。

③"高级窄山洞"：将两把椅子的间距调整到一个脚长的距离，让小球直直地滚过去。

亲子活动：

我们可以进行"保龄球大战"，跟孩子一同比赛，激起孩子的好胜欲，让孩子陷入自己角色扮演，沉浸其中。

你掌握动作要领了吗？跟老师一起滚动小皮球吧！

毽子除了踢，还可以拍哦

课前故事

　　体育老师要求大家带毽子来学校，彬彬特别紧张，因为他怎么都学不会踢毽子，特别怕在同学们面前出丑。第二天，老师让大家拿着毽子排好队，笑眯眯地说："这几天的课间活动，咱们来玩'拍'毽子。"

　　什么？毽子又不是球，怎么能拍呢？彬彬惊讶地睁大了眼睛，悄悄松了口气。老师先为大家介绍规则，同学们要分成几个小组，第一个出发的同学手持垫板，一边走一边连续拍毽子，走上一个来回，第二个同学再赶紧接上……最后用时最短的小组获胜。随着老师一声令下，同学们都使出了绝招，纷纷熟练自如地快速拍着毽子，毽子就像蝴蝶一样翩翩起舞。还有同学耍了个小聪明，他用力一拍，毽子就像插了翅膀那样"呼"的一声到了对面，又"呼"的一声飞了回来。

　　"加油！加油！"同学们使出"吃奶"的力气为小运动员们鼓劲。

　　终于轮到彬彬上场了，他也想学着人家的样子玩个小花样，可毽子怎么也不听话，懒洋洋的，如同一头小猪。他不禁着急起来，手忙脚乱的，一会儿歪到西边接，一会儿又跑到东边接……

好在，毽子终于在他笨拙的垫板上跳跃起来，他兴奋极了。他想当晚就回家接着学习踢毽子，就不信自己学不会……

答疑解惑

拍毽子除了好玩，还有什么好处呢？

拍毽子中国民间传统体育项目之一，历史悠久，简单易行的同时有着丰富的动作技巧。因所需的活动场地不大，活动量可大可小、容易控制，是学生课外活动的适宜运动项目之一。

向上连续拍毽子的练习，可以启发学生动、思、变，激发学生参与学练的主动性、积极性和创造性，增强自信心与表现欲，为学生可持续发展奠定基础。

动作方法

拍毽子姿势（以向上连续拍毽子为例）：

拇指在拍上，其他四指在拍下握拍；

以肘为轴，小臂带动毽拍；

注意判断毽子的落点，把握击拍的时机，上下连续拍毽。

学练小贴士

①在居家练习中，准备一块毽拍

以及一个鸡毛毽（如图所示，没有毽

拍可以找一本薄书或垫板代替，更加

简单方便）。

②毽子一定要控制击球位置，控制拍毽节奏稳定。

③时刻牢记拍毽口诀：两眼紧紧盯着毽子，毽拍中央来拍打。

难点分析与对策

▷ **难点一：如何保证握拍稳定，不倾斜？**

手握毽拍进行无毽的移动练习，从简单的前后左右移动，再到绕圈移动，再到各个方向的弓步移动。

熟练掌握后，将毽子放在板上再次练习，要求握拍稳定，不倾斜。

难点二：如何保证击毽的连续性？

很多孩子拍毽子时存在一个误区，那就是在"坐电梯"，毽子越拍越高，以为自己可以控制住，实际这样是错的，失误只会更多。

首先，我们要找到正确的击球点，在拍子的正中心，可以像上图那样，拿个水笔在拍子中心画个圆。

其次，不能拍得过高，在胸前高度即可。

在居家练习中进行"手抛毽，板接毽"或"板抛毽，手接毽"的练习，观察击球点。

熟练后，进行"板抛，板接"练习，最后再练习连续拍毽练习，数量逐次累加。

扫描二维码，拍拍你的小毽子！

除了吃菠菜，
还能怎样变成"大力水手"？

科普小卡片

你听说过大力水手的故事吗？

波派是个水手，每当他跟可爱的姑娘奥利弗结伴旅行时，被嫉妒冲昏头脑的坏蛋布鲁托就会出来捣乱，想方设法地抢走奥利弗。不过，布鲁托从来没有得逞过，因为波派总能及时拿出他的制胜法宝——菠菜罐头。只要吃了菠菜，波派的胳膊就会立刻变得非常健壮，力大无穷，百战百胜！

研究表明，菠菜有"营养模范生"的称号，它富含多种营养素，能加快血液循环，为肌肉合成提供一定的能量，可以起到促进肌肉生长、提高肌肉能力的作用。不过在现实生活中，吃了菠菜并不会像大力水手那样立刻拥有强壮的手臂，想要增强手臂力量，可以多做支撑练习哦。

答疑解惑

小学阶段可以做哪些支撑练习呢？支撑练习有什么用的好处？

脚搁在高处的屈体、直体俯撑是小学体育一项实用性较强的技能运动项目。

一年级要求掌握屈体俯撑（如图1），二、三年级要做到直体俯撑，腰腹发力，不塌腰、不撅臀（如图2）。

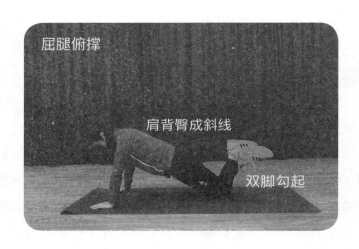

图1

图2

这个动作能为后续四、五年级做到山羊分腿腾越和侧手翻等动作打下坚实的基础，能有效发展孩子的上肢及腰腹力量，提高手臂的支撑能力，同时提高身体方位感的控制、平衡力及协调灵敏等素质，培养不畏困难的决心和顽强坚持的精神。

动作方法

双手直臂撑地，两脚搁在高处；

身体保持直体支撑，腰腹发力，不塌腰、不撅臀。

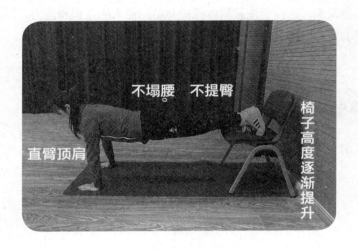

图3

学练小贴士

①循序渐进

注意要根据孩子的年龄特点，在一年级能完成的手扶30厘米高处俯撑的基础上逐步提高要求。由于孩子的手臂支撑力量和腰腹力量普遍较弱，在练习时要由易到难，逐步提高脚搁物体的高度，从平地俯撑动作，逐步向脚搁高处的直体俯撑动作过渡。

②动静结合

注意静力性练习与动力性练习结合，避免上肢过度疲劳，注意培养孩子的安全意识，练习时配备瑜伽垫，并将小凳子放在有墙支撑的位置，让孩子充分活动肩部和手腕，加强他们的自我保护意识。

③安全保护

鼓励家长与孩子进行亲子活动，激发孩子的学习兴趣，巩固练习锻炼的效果。让孩子注意培养保护与帮助他人的意识和能力，鼓励他们探索多人合作的练习方法。

难点分析

跟着视频自己练，试着独立发现重难点！

难点一：孩子动作不规范，容易形成塌腰和撅臀，怎么办？

①在腹部下方放置皮球或一定高度的纸筒，借助物体提醒孩子形成直臂撑地的高度。

②将小皮球从肩膀处轻放，提醒孩子腰腹发力保持一条斜线，不让皮球停在塌腰和撅臀的部位，并且左右平衡，不向侧倾斜而滑落到脚跟。

难点二：孩子感到支撑枯燥，难以坚持，怎么办？

可以进行有趣的居家辅助练习：

①俯卧支撑投准：双脚搁在小凳子或沙发上，双手支撑在地面，将十个纸团放在双手之间，双手交替，依次向脸盆投掷纸团，在练习时保持身体平稳。

②支撑拨球：双手支撑在地面，双脚搁在靠墙小凳子或沙发上，将球放在双手之间来回拨动，注意身体保持平稳，调整双手拨球的力度，坚持30秒。

③亲子双人练习：A将脚搁在垫子上，B从A身体下方爬过去，然后A将脚放回地面，可以反复练习，提高孩子支撑能力，掌握不塌腰的动作要领。

小学中高年级的技能进阶，你准备好了吗？

想跑得再快一点，可以这样做

一节50米折返跑的体育课上，学生们正摩拳擦掌，斗志激昂地准备比赛。学生们上了跑道，王老师组织好队伍以后，比赛开始了。"加油、加油"，助威声此起彼伏，同学们都拼尽了全力。一轮比赛结束，有的为取得胜利喝彩，有的为失败而沮丧不已，这时，王老师突然提出了一个问题：怎样才能跑得更快呢？

同学们开始讨论起来，有的说摆臂姿势很重要，有的说起跑反应很重要，有的认为步子要迈得大一些……大家七嘴八舌地讨论着，刚刚跑了最后一名的小华却突然问道："王老师，我能不能横着跑？"

这个问题引得其他同学哄堂大笑，小华却认真地解释："我没有胡说，有一次我想抓螃蟹，但螃蟹跑得非常快，根本就抓不住——它就是横着跑的！"王老师抬手示意同学们安静下来，然后笑着说道："其实小华说得很有道理，他是个很注意观察的好孩子。这样吧，下一轮比赛，每个人都横着跑试试看。小华，你来给大家做示范。"同学们觉得新鲜，跟着小华学起了横着跑步，练习了几次后，王老师又组织了第二次比赛。

第二轮比赛开始了，比赛气氛比第一轮还要激烈，学生们对这种新奇的跑步姿势很感兴趣，但由于动作不协调，跑的动作令人发笑。比赛结束后，王老师又继续让大家思考怎样才能跑得快，大家都觉得还是直着跑得更快，毕竟自己不是一只小螃蟹。

针对跑步时出现的各种问题，王老师都耐心地一一解答了，并且让大家体会了各种快速跑的形式，如追逐跑、牵引跑、领先跑等，还让同学们专门练习了起跑姿势和反应力，在一系列快速练习之后，同学们对快速跑的动作方法都有了一定的了解，纷纷找到了更适合自己的办法，期待着下次比赛能取得更好的成绩……

形成跑的正确姿势，有助于我们增强心肺功能及下肢力量，提高快速奔跑能力。那么，我们可以怎样跑得再快一些呢？

动作方法

快来扫码观看视频，快速掌握动作方法！

快速跑一般采用站立式起跑的方式。

起跑后积极加速，身体稍前倾，眼看前方，手臂屈肘前后摆动，双脚交替后蹬、前抬，前脚掌着地。

注意跑成直线，并快速冲过终点。

学练小贴士

①以提高步频为内容的：

高抬腿、碎步跑、下坡跑、支撑小步跑；

②以提高步长为内容的：

重心压低跨大步走、连续跨跳横格线；

③分解动作或辅助性练习：

原地前后摆臂、高抬腿、后蹬跑、小步跑。

居家练习小技巧

①让孩子手扶桌子进行高抬腿、后蹬跑的练习，体会后蹬和腿高抬在快速跑中的作用；

②利用斜坡进行上下坡跑练习，让孩子体会上坡跑快速蹬地、前迈与摆臂的协调配合，下坡跑加大步幅、放松跑等；

③利用台阶或花台进行双脚跳上、跳下台阶的练习，也可以让孩子自由结伴负重跑（背人），切记注意安全；

④利用身边的废旧轮胎进行拉物跑；

⑤在家找一块空地，放置不同的数字，家长随机报数字，孩子进

行定点快速折返跑练习，刚开始可以两个数字连线跑，能力提升后可增加至连续多个数字的折返跑练习。

难点分析与对策

难点一：如何提高步频与步幅，提高快速跑能力？

居家练习时，找块干净空置的场地。

我们可以练习原地的高抬腿跑来加大我们的步幅（练习次数根据自身情况设定）。练习原地小步跑可以有效地提高我们的步频。最后进行扶墙进行快速蹬地跑，将步幅与步频的训练结合起来。

原地高抬腿
锻炼步幅

难点二：如何跑得自然协调、成直线？

用三张贴纸在地面上贴出一根直线，先让孩子沿着直线往返走，熟练后开始沿着直线进行往返高抬腿跑和小步跑练习（练习次数根据自身情况设定）。

这种练习在帮助孩子进行步幅、步频相关训练的同时，养成跑成直线的习惯。

这项力与美的运动，你心动了吗？

你听说过体操天才李宁吗？少年时代的李宁曾被父亲送到广西柳州乡下的爷爷奶奶处抚养，小学二年级时一次偶然的机会，李宁在偷看了一次体操课之后就迷上了体操，回到家里，他就把被子铺到地上，开始了他的体操"自修"。

虽然李宁个子小，但他跟头翻得特别好，广西体操队的教练梁文杰到小学选好苗子的时候，一眼就相中了小李宁，让李宁把每个基本动作做到一丝不苟、准确和到位。三年后，李宁参加全国少年体操锦标赛，竟一举获得了自由体操的第一名。梁文杰心里非常高兴，对李宁的训练也更为严厉了。早操，从跑1000米增加到2000米；引体向上，要在他腰间加上15公斤的杠铃；练踢腿，要绑上沙袋再踢……严师出高徒，这些训练苦不堪言，却给李宁"死磕"出了一身扎扎实实的基本功。

后来在自由体操的比赛中，李宁拿出了当时世界上少有的720度"旋"，接着就是潇洒自如的托马斯全旋，最后空翻两周，落地时像钉子一样纹丝不动。在场的四名裁判不约而同地给了他十分的满分。接下来，李宁一发而不可收，从洛杉矶奥运会以后，李宁的名字响彻中华大地，在 1984 年美国杯体操赛获得了自由体操、鞍马、吊环、跳马冠军，又在北京体操邀请赛获个人全能、自由体操、鞍马冠军……

答疑解惑

1. 不参加奥运会的我们，为什么也要练一练体操？

形体柔韧操以静力性活动及锻炼控制能力的练习为主。

另外，小学高年级，特别是五年级的孩子们已经可以感受到音乐美和姿态美，练习规范的形体柔韧操动作可以帮助他们掌握正确的身体姿态，规范的动作并拥有高雅的气质，开发他们的艺术潜能。

2. 练好形体柔韧操，可以得到什么？

①提高身体的协调性、灵活性与柔韧性等素质。

②在感受动作美、姿态美和形体美中提高对美的鉴赏能力，在练习中体验到多种艺术融合的乐趣，培养良好的艺术感知力和创造力。

③提高团队配合的能力，增强自信心。

动作方法

海豹突击队：

抬头、挺胸、顶胯，五指向前，手臂伸直，脚背着地。

海豹突击队

孕育梦想：

双手前伸，胸部贴地，臀部坐于脚后跟。

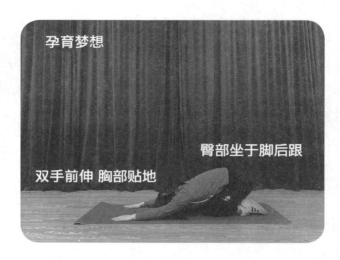

孕育梦想

展望未来：

五指并拢向上延伸，上半身与地面垂直，臀部坐于脚后跟。

展望未来

仰望星空：顶胯，仰头抻手，五指与头部方向一致。

仰望星空

一马平川：

双腿伸直，上体与地面垂直，不翻胯。

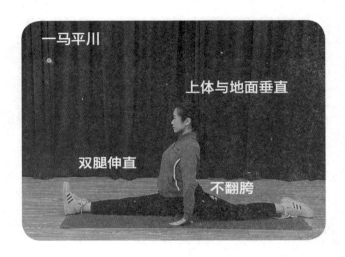

一马平川

学练小贴士

①注意检查孩子的穿着，不能佩戴饰物，并且在练习前做好准备活动。时刻关注孩子的学习情况及承受能力，做好防护工作，以免发生伤害事故。

②在练习中要从易到难，由简单到复杂。

确认孩子肌肉素质和柔韧性的具体情况，动作幅度由小到大逐步增加，动作规范，分步进行。初练时不宜做强度很大的练习，以几天为周期，身体逐渐变得越来越柔软时，可进行下一步，循序渐进，防止肌肉拉伤。

③要善于抓住孩子的每一点进步，鼓励孩子充分展示自我，让孩子尽可能自信、大方地进行展示，获得愉快的享受，在音乐节奏中感受到欢快愉悦的自己。

注意，在动作规范的同时尽量保证姿态的优美。

难点分析与对策

扫码看视频，展示你的力与美吧！

难点一：如何解决重复练习的枯燥感？

鼓励孩子充分发挥自己的想象力，在掌握动作的基础上，可以进行动作的组合和变化，改变或创新一两个动作，以提高孩子的练习兴趣。

②通过音乐的变化创造新鲜感，在不同的节奏中变化肢体语言，从而创设一种气氛，多种音乐的变化能够使孩子在充满欢乐的优美旋

律中享受音乐、舞蹈、艺术带来的美。

难点二：面对韧带的疼痛感，孩子们，特别是五年级年龄段的男生感到难以坚持，怎么办？

①树立榜样意识

借助体操运动员的事迹树立榜样意识，介绍有关的人物成长史，播放奥运会相关比赛的视频或者电影，运用男性的运动员和印度瑜伽大师等形象，鼓励他们一起学练，增强内心的崇拜和信念感。

②让孩子成为自己的榜样

让孩子自己创造动作并为之命名，开发孩子的想象力，并且用动作特征来完成命名，更有助于从自身角度出发，帮孩子了解动作的方向并体会动作的延展性。如：小蛇出洞、后仰成桥等。

提升耐力，未必需要马拉松

30岁前，他没接受过任何正规训练，甚至因为在西藏的一次意外差点面临截肢；训练几年之后，他却成为了多项户外和越野跑赛事的国内选手冠军。

他是白斌，中国第一耐力跑者，中国耐力跑的领军人物。他曾跑完了丝绸之路，2019年，他更是成为了世界上第一个从南极跑步到北极的人。

从南极跑到北极，白斌的旅程历时433天，路程约24110.52公里，途经14个国家、219个城镇，足足相当于广州往返北京12趟。

可以说，白斌用自己的双脚跨越了地球，创造了不可思议的奇迹。

这一路上，他遭遇无数伤痛，面对无数恶劣的自然条件，甚至穿越了没有人类探险者穿越过的地堑，还遭遇了绑架等常人难以想象的困难……

提高耐力一定需要跑这么远吗？长跑这么累，我们为什么还要练习？

在小学阶段，四、五年级的同学们要练习的是 50 米 ×8 耐力跑。练习耐力跑是走向终身体育的较好方法。

从身体机能层面来看，耐力跑能使孩子们的心脏收缩力加强，提高心脏供血能力，促进心脏、肺、血液循环系统的发展，提高有氧代谢能力，还有助于降低血液中胆固醇含量；从心理素质层面来看，能让孩子学会合理分配体力，培养坚持到底的意志品质。

此外，在小学阶段掌握了耐久跑的基本知识与方法，不仅能对中考男生 1000 米、女生 800 米长跑项目起到帮助作用；还能为上海市现阶段的 200 米游泳、4 分钟跳绳等中考耐力项目打下坚实的基础，是一种很好的体育锻炼项目。

动作方法

摆臂自然，重心平稳，保持良好的跑步节奏，合理地分配体力。

注意呼吸节奏，通常采用两三步一吸，两三步一呼的呼吸方式。

学练小贴士

①确认孩子的身体状况：

需要注意的是，患有哮喘、慢性心脏病、骨骼畸形等问题的孩子并不适宜这项运动，必须向教师出具相关的医院病例证明，并在发病期间向教师出示病假单，以便教师妥善安排其他活动，在保证孩子安全的基础上有效提升身体素质。

②确认跑步练习的准备：

孩子要穿戴好运动服、运动裤和运动鞋，在平整场地（塑胶跑道）完成耐力跑。

③确定练习耐力跑的练习时间：

每次练习一般为 4 到 5 分钟，最初可适当减少时间，根据孩子的状况循序渐进，逐渐增加。

④提醒孩子用口鼻有节奏地呼吸：

跑出两三步，用鼻子缓慢而有力地吸气；再跑两三步，用嘴巴缓慢地呼气。

⑤提醒孩子合理分配体力：

最开始不要一味求快，宜用比较均匀的速度跑完规定时间，在最后要适时鼓励孩子坚持跑完目标，最开始的时候，学会坚持下来比跑出好成绩更重要。

难点分析与对策

观看视频学动作，长跑并

没有那么可怕！

> **难点一：面对较强的生理负荷和单调枯燥的动作，孩子不愿意练习，怎么办？**

①走跑交替练习，提高孩子的兴趣

利用走、跑交替的方式，让孩子在走走跑跑的信号中感到新奇，从而不觉得疲劳，利用口令、掌声、哨声等，让孩子进行跑与走的交替练习。

②与孩子轮流领先跑

每到 1 分钟就交换位置，跟孩子轮流做领跑员，把 4 到 5 分钟的耐力跑练习切分为每分钟的小段，让孩子有"新鲜感"，满足孩子当领跑员的愿望。

③改变跑步环境

耐久跑可以在运动场上进行，也可以到学校附近的空地、公园跑道以及自然地形中进行，给孩子新异的刺激，提高孩子中枢神经系统的兴奋感，让他们对跑步产生兴趣。

> **难点二：没有场地，或遇到下雨天气不适宜出门练习耐力跑，怎么办？**

居家辅助练习方法：

①踩凳子耐力训练，即台阶练习。

如图，左右脚依次上凳子，再依次下凳子。

要注意在锻炼的时候不要盲目追求提高频率，以免绊倒受伤，锻炼后要按摩放松腿部肌肉。

踩凳子耐力训练

踩凳子耐力训练

踩凳子耐力训练

踩凳子耐力训练

②肺活量趣味练习：自制吹管和若干纸团，挑战快速吹纸团游戏。可分为计时赛（用时短为胜）、计数赛（吹的次数少为胜），个人或者多人参加皆可。

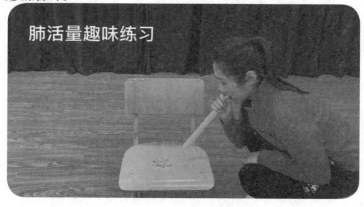

肺活量趣味练习

③跳绳耐力训练：中速三分钟为一组，建议每周 2—3 次，每次 2—3 组。

练习投掷之前，自己做一个实心球吧

课前故事

从前，一位来自美国纽约的普通警察报名参加了 1912 年瑞典斯德哥尔摩夏季奥运会。出人意料的是，他不但一路"杀"进了第四轮比赛，而且成功投出了个人的最好成绩，击败卫冕冠军罗斯，获得金牌。

第二天，这匹出色的"黑马"又参加了双手铅球比赛，这项比赛要求运动员左右手各投一次铅球，在这个项目中，他获得了一枚银牌。

八年后，这位奥运铅球冠军参加了年比利时安特卫普夏季奥运会。这一回，他虽然在铅球比赛中名列第四，但在链球比赛荣获金牌。

此时，这位曾经创造过奇迹的人创造了又一个奇迹，他获得第二枚金牌时已经 42 岁了，是奥运历史上年龄最大的田径冠军。

也许这位冠军的传奇故事并不会在每个人身上发生，不过，投掷实心球的技巧是大家都有机会掌握的……

投掷实心球有哪些技术要点？能锻炼到我们的哪些部位？

投掷实心球分为如下几步：蹬地、挺胸、收腹、挥臂协调用力，把握好抛球时机。此外，不同年级对投掷技巧的掌握上有着不同的要求。三年级学生要学会快速挥臂，向前上方掷球；四年级则会在此基础上进一步把握适宜的投掷时机；五年级还要学会蹬地收腹挥臂，协调用力。

综上，学会前掷实心球可以在增强上肢、腰腹、下肢力量的同时，提升上肢、腰腹、下肢动作的协调性。

动作方法

动动手，跟老师一起扔小球！

①预备姿势：

面向投掷方向，两脚前后站立，重心在前腿上，两臂屈肘，双手持球于胸前。

②发力顺序：

球掷时，两臂持球向后引伸、身体重心后移至后腿上

两臂向后引伸至最远时，即刻做"蹬地、收腹、挥臂"动作，充分将力量爆发出来，将球向前上方掷出。

学练小贴士

"居家实心球"制作

扫码看视频，自己做一个实心球吧！

想要在家中练习实心球投掷，可以亲手帮孩子制作一个可供训练的"实心球"。

所需材料：一根细丝带，三双长袜。

制作过程：首先将一双长袜叠在一起，卷成一个球形。然后再拿一双袜子，将它们依次包裹在原来的球袜上。用完两双长袜后，再拿出事前准备好的丝带，包住球袜并打结，留出一个"小尾巴"，用以观察球的飞行轨迹。最后再拿一双长袜，在留出"尾巴"的前提下继

续裹住前面的双层球袜，直至与实心球本身的大小相似。

重难点分析

难点一：在居家练习中如何找到正确发力的感觉？

①第一步，准备一本旧书（也可用折成书本尺寸的旧报纸代替）和自制的"球袜"。双手握住书本一端两侧底部，找到有门框的门，距离门框正面一步站立（门框在头部的前上方）。

②第二步，将书举起并后引，模仿投掷实心球的动作，同时完成蹬地、收腹和挥臂，充分爆发用力，将书本向前上方挥出，让书本另一端拍到门框上，反复体会发力的感觉（练习次数根据自身情况设定）。

熟练掌握后，将书本换成球袜，面对一面干净的墙面，对墙进行投掷练习，进一步找到并体会发力点。

试图用书本拍打门框

≫难点二：如何在家找到正确的出手位置？

首先准备一张纸和两种颜色不同的贴纸。

先将白纸的一端贴在门框上，距离门框正面一步站立（门框在头部的前上方），空手做模仿练习，当手触碰到纸张后做松手动作，体会前上方出手点。

熟练掌握后，找到一面白墙，将两种贴纸贴在白墙上，第一张贴在身体平行高度，另一张贴在高于身高 20cm 的位置。

手持球袜对着墙距离 3 米左右的位置正面站立。对墙进行投掷练习，注意出手点要保持在两张纸之间。球袜掷出后观察"小尾巴"的飞行轨迹。

徒手触纸找到出手点

勇敢"跨越"前方的障碍吧!

课前故事

一次体育课上，某位体育老师试着让班里的小学生们跃过一条高1.15米的横杆，可孩子们年纪太小，比这条横杆高不了多少，排着队试下来，几乎所有人都没能成功。

这时轮到了一名11岁的小男孩，他没有立刻起跳，而是站在原地犹豫，可惜根本想不出跳过去的办法。老师不想耽误时间，就催他快点起跳。情急之中，男孩一咬牙，不管不顾地跑向横杆，起跳的瞬间他突发奇想，在到达横杆前的一刹那倒转过身体。他面对着老师，背对着横杆，腾空一跃，竟鬼使神差般跳了过去，然后狼狈地跌落在了沙坑里。

男孩坐在地上，垂头丧气地低着头等待批评。旁边的同学都在嘲笑他的跌倒，老师却吃惊地睁大了眼睛，若有所思，还微笑着上前扶男孩起来："你很有创新精神，虽然动作跟大家都不一样，但效果非常好，你可以继续这样练习！"男孩高兴极了，更加努力地练起了"背越式"跳高，遇到无法克服的技术问题时，他就立刻请教老师，在老师的帮助和鼓励下，男孩的练习成绩越来越好。

　　后来男孩不负众望，在 1968 年墨西哥奥运会上采用“背越式”的奇特跳高姿势，征服了 2.24 米的高度，刷新了当时奥运会的跳高纪录，一举夺取了奥运会跳高金牌，成为蜚声全球、赫赫有名的体坛超级明星——他就是美国跳高运动员理查德·福斯伯。

答疑解惑

你擅长跳高吗？你知道跳高能起到怎样的锻炼效果吗？

　　跳高是田径运动中的田赛项目之一，由助跑、起跳、腾空过竿和落地四个部分组成，以越过横杆上缘的高度来计算成绩，是人类不屈不挠，勇攀高峰的象征。有人称跳高是一项失败者的运动，因为每次比赛，运动员在跳过一个高度以后，就要向新的高度挑战，直到最后跳不过去为止。

　　在小学阶段，同学们要学习的是跨越式跳高。

　　掌握了跨越式跳高的基本知识与方法，对以后学习俯卧式跳高和背越式跳高能起到铺垫和桥梁作用。学习跨越式跳高不但能增强腿部力量，提高弹跳力，发展灵敏性和协调性，还能培养勇敢、坚定、果断和自信的意志品质，是一种很好的体育锻炼项目。

动作方法

开课之前，先来扫码看视频，学会跳高很容易！

首先侧向助跑，以有力脚为踏跳脚，助跑距离以五至七步为宜，可根据自身情况调整。

助跑过程中，速度要逐渐加快，最后一步要大些，用力踏跳，同时摆动腿积极向前上方摆起。

身体腾起后，两腿依次摆越横杆。

落地时摆动腿先落地，两腿屈膝缓冲。

分解动作如图所示：

助跑　　　　　　　　　　　　　　起跳

腾空   落地

学练小贴士

①确认踏跳腿和摆动腿。

可用单脚连续跳跃的方法测试，有力腿为踏跳腿，反之则为摆动腿。

②确认起跳点和起跳路线。

跨越式跳高的助跑路线和横杆之间的角度控制在 30-45 度，起跳点在横杆的外侧 30 厘米处，助跑路线是直线。

③确认助跑步点。

先在横杆中间外侧 30 厘米左右地方确定，然后助跑 7 至 8 步，用力起跳的那一点就是起跳点，反复试跳几次，如果起跳点太靠近横杆，则将起跳点向后移动相应距离；如果起跳点太远，则将起跳点向前移动相应距离。

经过反复练习，就可以找到适合自己的步点。

难点分析与对策

▷ 难点一：面对跨越式跳高产生恐惧畏难心理，怎么办?

学生在初学跳高时，往往担心跨不过去，害怕横杆碰伤腿，特别是在跨越较高高度的横杆时，更是产生惧怕心理，造成"晕杆"，从而失去了学练跳高的信心与兴趣。

为此，建议居家练习时，可以用绳、橡皮筋、松紧带等代替横杆，使每个学生都敢跳，都能体验到成功的喜悦。

▷ 难点二：助跑与踏跳动作不协调

可用 3 至 5 步侧向助跑单脚起跳，用手或头触高物，体会助跑与起跳的衔接动作，体验身体向上的感觉。

居家练习时，家长可引导孩子用摆动腿脚尖踢自己手心；或者在孩子起跳区域斜向高举一棍状物品，让孩子以此为目标进行摸高练习。

摆动腿踢高练习

头顶跳高练习

亲子韵律：
跟孩子一起动起来吧！

颤膝基础律动

准备

1、一块空旷场地（10m×10m）

2、一双平底、质地柔软的运动鞋

3、视音频播放器和音乐《Alunelul》

Ready？ Go! 扫描二维码，打开视频跟着学！

基本动作

步伐基本动作：并脚原地颤膝、交错步颤膝、单腿颤膝

手部基本动作：翻掌、盖掌、背手

基本动作要领

①并脚原地颤膝

脚后跟并拢，脚尖微微张开，原地颤动膝盖，一拍一动。

②交错步颤膝

从左腿开始横跨,右脚从左脚后横移,接左腿横跨,加颤膝并右脚，一拍一动。

③单腿颤膝

从左脚先开始横跨，左腿颤膝，右脚勾起，脚后跟连续着地两次，接右脚并脚。

④翻掌盖掌

双手在身体两侧自然下垂，同时转动手腕向上翻掌，手臂微弯，接左右手同时转动手腕向下盖掌，一拍一动。

以上为基本动作的动作要领。可先播放视频，鼓励孩子模仿动作，尝试能否跟上节奏。如果可以跟上，就尝试将学到的动作编排组合起来。

▶ 编排组合动作：

第一小节：交错步颤膝和盖掌

预备：立正姿势

1—4拍左腿横跨，右脚从左脚后横移，接左脚横跨，右脚从左脚前横移，双手同时自然前后摆动，一拍一动。

5—6拍重复上述动作。

7—8拍左腿跨步，双手向前，左手盖于右手上，接双手背于身后，并脚。

2—4 拍换脚。

第二小节：单腿颤膝和盖掌翻掌

预备：接第一小节组合动作

1—4 拍左腿横跨双手翻掌，右脚并脚双手盖掌，左腿横跨双手翻掌，接单腿颤膝击掌，保持一拍一动。

5—8 拍同上，左右脚相反。

2—8 拍重复。

第三小节：分两步并脚

预备：接第二小节组合动作

1—5 拍 左腿横跨，右脚并脚，右腿横跨，左脚并脚，注意一拍一动。

6—7 拍 右脚分两步等距离并脚。

2—7 拍换脚。

拓展练习

①"以不变应万变"

孩子可在家长帮助下，寻找相同节奏的其他音乐并进行练习。如有家长上传练习视频，可以让学生欣赏同伴的视频和音乐节奏的选择，让学生参照评价建议表，做到为他人客观评价。

②一起跳，比比看

寻找伙伴，在步伐不出错的情况下，争取加快速度，增加队形变换，提高练习的难度，提升步伐灵敏性和耐力体能。

①循序渐进：提示孩子在动作还没有熟练的时候，可以让自己的动作幅度变小一点，不改变斜方向（左前/右前/左后/右后）的移动，这样更容易跟上节拍，等动作熟练后，再加大幅度并且改变方向。

②注意节奏：脚步速度由慢到快，练习者可以根据自己的体能逐步增加练习时间和次数，提升脚步频率，增加运动强度，当练习者能坚持连续完成 3 至 6 个颤膝步伐组合动作的时候，要更加注意膝盖颤动的节奏，并保持适当的频率。

评价表

裁判要根据韵律操是否具有律动性、动作是否规范、膝盖颤动的节奏和频率和创意奖励四点进行 0 – 3 分的评价。

亲子评价建议表

组队成员：队员	裁判								
练习场次	1	2	3	4	5	6	7	8	9
律动性（0—3）									
动作规范性（0—3）									
膝盖颤动的节奏性（0—3）									
创意奖励（0—3）									
总计（1—12）									

开心面面转

准备

1、一块空旷场地（10m×10m）

2、一双平底、质地柔软的运动鞋

3、视音频播放器和音乐《Achy-Breaky》

Ready？ Go! 扫描二维码，把视频打开看一看！

基本动作：踏点转律动

①右左踏点步：

右脚横踏，左脚前半个脚掌点在右脚掌侧边的中间，简称"右踏左点"。

②左右踏点步：

左脚横踏，右脚前半个脚掌点在左脚掌侧边的中间，简称"左踏右点"。

③上体随动：

上半身跟着出腿的脚微倾，出左腿前跨，则左肩前倾，左小手臂位于腹前，右手臂轻轻后拉，身体随出脚位置协调而动。

④踏点转落步：

左脚前踏，右脚侧点，接左脚后脚跟转 90 度，同时右脚勾脚踢出落下。

播放节拍音伴，指导孩子在适当的节拍中练习基本动作。

➤ 编排组合动作

①第一小段组合动作：横向踏点步

预备：立正姿势

1—8拍左踏点步，接左右踏点步，上体随动（一拍一动）。

②第二小段组合动作：前后踏点步

预备：接第一小段组合动作

1—4拍右脚先动，左右脚交替连退三步，第四拍左脚侧点，上体随动。

5—8拍左脚前踏，右脚侧点，接"右退左踏"（一拍一动）。

③第三小段组合动作：踏点转落步

预备：接第二小段组合动作

1—4拍左脚前踏，右脚侧点，接第三拍左脚脚后跟向右转90度，同时右脚勾脚踢出，第四拍右脚落下。

拓展

①挑战极限

当动作熟练之后，可以让孩子邀请搭档尝试转向 180 度，挑战转向极限，并进行互评互助和展示。

②家庭跳舞机

自制箭头，开展踏点跳舞机大赛，提示孩子根据箭头做出所学动作转向的方向。孩子跟音乐练习转向时，发现转向不准确，可以停下音乐，着重练习转向时脚的基本动作，之后再进入有音乐的情景。

建议

①用 0.5 倍速熟悉动作

学练初期，家长调整并播放比原伴奏慢一倍速的音乐，鼓励孩子模仿动作，再鼓励孩子独立跟上节奏。

②学会控制自己的身体

提示孩子在动作还没有熟练的时候，可以让自己的动作幅度变小一点，在转向时控制住身体的重心，体验主力脚的稳定性，跟上节拍。动作熟练后再加大幅度，体验腿部力量和上肢动作相结合的控制力，提升转向的灵活性。

　　裁判要根据韵律操是否具有律动性、动作是否规范、转向是否正确和创意奖励四点进行 0–3 分的评价。

亲子评价建议表

组队成员：队员	裁判								
练习场次	1	2	3	4	5	6	7	8	9
律动性（0—3）									
动作规范性（0—3）									
转向正确性（0—3）									
创意奖励（0—3）									
总计（1—12）									

欢乐一二三

准备

1、一块空旷场地（10m × 10m）

2、一双平底、质地柔软的运动鞋

3、视音频播放器和音乐《Rocky Top》

Ready？ Go! 扫描二维码，把视频打开看一看！

首先熟悉一下这套踢踏韵律操的动作。

基本动作

步伐基本动作：颤膝交错步、踢踏步、垫步

手部基本动作：摆臂击掌

基本动作要领

①颤膝交错步＋摆臂击掌：

如图 1-4，首先从左腿开始横跨，右脚从左脚后横移；接左腿横跨，加颤膝并右脚，一拍一动，细节参考视频。

图 1

图 2

图 3

图 4

②踢踏步：

踢踏步由原地跳和踢踏跳组成，其中踢踏跳可以分解为踢、踏、踢和并脚跳。

原地跳：

右脚在原地四拍跳四下。

踢踏跳：

第一拍，左脚脚跟向斜前方45度踢；第二拍，左脚靠右脚前外侧踏前脚掌；第三拍，接左脚脚跟向斜前方45度踢；第四拍并脚跳。

如图，以单侧踢踏跳为例：

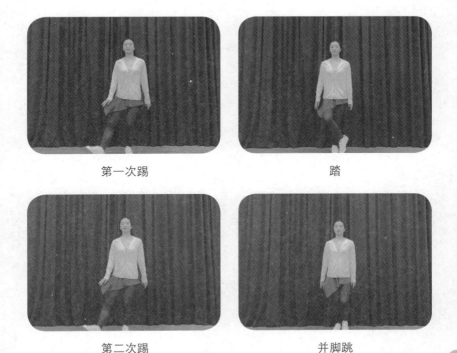

第一次踢　　　　　　　　　　　　踏

第二次踢　　　　　　　　　　　　并脚跳

③垫步：

第一拍左脚横跨接右脚并脚（垫步），第二拍左脚横跨。

以上为基本动作的动作要领。家长可先播放视频，鼓励孩子模仿动作，尝试能否跟上节奏，如果可以跟上，就尝试将学到的动作编排组合起来。

编排组合动作：

第一小节：颤膝交错步 + 手臂前后摆动击掌

预备：立正姿势

1—4 拍：

左腿横跨，右脚从左脚后横移；接左脚横跨，右脚从左脚前横移，双手同时自然前后摆动，第四拍并脚击掌（一拍一动）。

5—8 拍：

换脚，按反方向做。

第二个八拍：重复第一八拍的动作。

第二小节：踢踏步

预备：接第一小段组合动作

1—4 拍：

脚原地四拍跳四下，左脚脚跟向斜前方 45 度（踢），左脚靠右脚前外侧踏前脚掌（踏），接左脚脚跟向斜前方 45 度（踢），第四拍并脚跳（一拍一动）。

5—8 拍：

换脚，按反方向做。

第二个八拍：

重复第一八拍的动作。

第一次踢   踏

第二次踢

并脚跳

③第三小段组合动作：垫步

预备：接第二小段组合动作

1—4 拍：

第 1 拍左脚横跨接右脚并脚（垫步），

第 2 拍左脚横跨，

第 3 拍右脚横跨接左脚并脚（垫步），

第 4 拍右脚横跨。

5—8 拍重复上述动作。

第二个八拍的 1—4 拍左脚向左垫步，一拍两动，4 拍 4 步。

第二个八拍 5—8 拍右脚向右垫步 4 次。

①分辨三种步伐

分辨跳、踢、踏三种步伐，并且根据音乐进行练习，注意三种步伐的灵活转换，并在这三个步伐的基础上加上手部动作，做到协调并且符合韵律节奏，亲子相互讨论后，形成自创的跳、踢、踏组合。

②亲子共舞

学会之后，可以全家人一起跳，尝试跟着音乐的节拍加入单手拍打身体部位和双手击掌的动作，让踢踏动作更加欢乐，更富有欢乐气氛和节奏感。

建 议

①关注孩子是否能跟上音乐节奏

学练初期，家长应关注孩子能否跟上音乐的节奏，不要过多的强调脚部的动作和规格。提示孩子的脚步速度由慢到快，可以根据熟练程度逐步增加练习时间和次数，等动作熟练后，加大幅度并且改变方向，提升灵敏素质和体能。

②引导孩子自由创编

家长引导孩子与同伴自由分组，根据教学内容进行韵律创编：在音乐节奏中按照跳、踢、踏三种步伐散开，找到自己的伙伴，并用击掌的方式互相打招呼示意，让每位孩子体验不同步伐的变换，等熟练后再进行比赛和挑战。

评价表

裁判要根据韵律操是否具有律动性、动作是否规范、跳踢踏三种步伐灵活转换和创意奖励四点进行 0 - 3 分的评价。

亲子评价建议表

组队成员：队员	裁判								
练习场次	1	2	3	4	5	6	7	8	9
律动性（0—3）									
动作规范性（0—3）									
步伐灵活性（0—3）									
创意奖励（0—3）									
总计（1—12）									

顽皮跳跳虎

准 备

1、一块空旷场地（10m×10m）

2、一双平底、质地柔软的运动鞋

3、视音频播放器和音乐《Tiger in the jungle》

Ready？ Go! 扫描二维码，把视频打开看一看！

基本动作

步伐基本动作：跳踢腿、双落单踢跳、后踢腿

手部基本动作：撒花（单双）手

播放视频，鼓励孩子模仿动作，尝试能否自己跟上节奏。

组合动作：

①第一小节组合动作：跳踢腿＋撒花（单双）手

预备：立正姿势＋下蹲五指张开招手

预备动作

1—8 拍，左脚先落地，右脚踢出，跳踢腿四次，加左手先上举的撒花手，右倾头，举右手时要左倾头（一拍一动）。

注意图中的手脚动作配合

②第二小节组合动作：双落单踢跳 + 撒花（单双）手

1—4 拍，双落单踢跳两次，加左手上举，右手侧举撒花手两次（一拍一动）。

5—8 拍，双脚并脚跳四次，加双手掌心向上上举（双托手），右倾头，向左转半圈。

第二个八拍，重复上述动作。

③第三小节组合动作：撒花（单双）手 + 跳踢步

1—4拍 两手在身体两侧前后摆臂，下蹲右脚起，向右走四步。

5—8拍 两手向上双手撒花手，重心左一次，右一次。

第二个八拍，向左重复上述动作。

结尾：造型动作如下图所示。

拓展练习

①分组游戏

当动作熟练之后，可以邀请搭档或组成 3 至 6 人小组，在前奏的两个八拍中加入符合节奏的身体律动，最后进行练习和创意展示，看看哪一组的前奏最有活力。

②变换队形

当集体伙伴有了一定的配合之后，可以变换成贪吃蛇队形，体力较弱的同学可以原地当豆子（休息），让耐力较好的小伙伴来带头"吃豆子"，看看哪一队一边跳，一边能吃到最多的豆子，以此进行合理的体能分配。

建议

①卡不上拍子怎么办？

跟着音乐练习三组组合动作，发现组合动作和节奏不合拍的时候，可以停下音乐回顾基本动作，再进入有音乐的情景，找到身体律动和音乐融合的感觉。

②最重要的是跟上节奏

学练初期，家长应关注孩子能否跟上音乐的节奏，不要过多的强调脚部的动作，等动作熟练后，提升脚步频率并增加运动强度，看看谁的频率更快，引导孩子在体能消耗之后学会合理分配体能。

评价表

裁判要根据韵律操是否具有律动性、动作是否规范、哪一组频率更快体能消耗更多和创意奖励四点进行 0-3 分的评价。

亲子评价建议表

组队成员：队员	裁判								
练习场次	1	2	3	4	5	6	7	8	9
律动性（0—3）									
动作规范性（0—3）									
哪一组频率更快 体能消耗更多（0—3）									
创意奖励（0—3）									
总计（1—12）									

可爱小苹果

准 备

1、一块空旷场地（10m×10m）

2、一双平底、质地柔软的运动鞋

3、视音频播放器和歌曲《小苹果》

Ready？ Go! 扫描二维码，把视频打开看一看！

动作方法

首先熟悉一下这套韵律操的动作。

基本动作

步伐基本动作：左右踏点步、颤膝步、垫步、并脚下蹲。

手部基本动作：合十胸前击掌、并指招手、握拳胸前向外转圈。

进阶动作

将步伐和手部基本动作结合起来，灵活运用到韵律操《小苹果》中，试着模仿以下定格造型动作，做到"卡点"，跟上节奏。

第1个八拍：左右踏点步 + 并指招手；

脚下蹲 + 握拳胸前向外转圈。

第 2 个八拍：重复第 1 个八拍的动作

第 3 个八拍：垫步 + 摆手，颤膝步 + 握拳捶胸

第 4 个八拍 : 指尖向上平行于地面摆臂 + 打开双臂

拓展练习

①韵律游戏"照镜子"

可以亲子互动,也可以跟自己的伙伴组队,双人结伴面对面跳《小苹果》。其中一人按原定的动作方向完成,另一人扮演"镜子里的人"做镜像动作。在旁观者眼中,两人手、脚伸出的方向始终相同。

动作完成一遍过后,两人再交换角色。

②变换人数，变换队形、走位。

熟练掌握动作后，适当增加面对面人数，达到动作一致的效果。当人数比较多的时候，就可以变化队形来增强观赏性，可以邀请亲朋好友，体验变换队形的快乐。

建　议

①持续进阶

孩子们可以在家长和训练视频的帮助下进行小型创编展示。

比如在音乐伴奏不变的前提下，适度创编自己喜欢的个性化造型，比比谁的造型更丰富，谁的效果更美观。

或者在以往韵律学习的基础之上，将其他韵律操中的韵律动作与《小苹果》动作结合，并选择新的伴奏音乐，组成一套属于自己的特色韵律操。

②注意事项

在熟练掌握动作之后，不能仅仅满足于"记住动作"，而要在练习时做出脚上"有弹性"的轻盈感，踩准节拍，找准节奏感。

练习结束后要亲子复盘，让孩子提高自我设计、自我锻炼、自我评价的能力。

裁判要仔细观察，根据韵律操是否具有律动性、动作是否规范、合作是否默契和创意奖励四点进行 0–3 分的评价。

亲子评价建议表

组队成员：队员	裁判								
练习场次	1	2	3	4	5	6	7	8	9
律动性（0–3）									
动作规范性（0–3）									
合作默契度（0–3）									
创意奖励（0–3）									
总计（1–12）									

附录

《国家学生体质健康标准》达标情况记录表

小学阶段，体质健康标准的评价主要依据各年级测试项目的成绩，和通过身高、体重计算出的体重指标（BMI）数值。

一、小学各年级测试项目及标准线

序号	测试项目（一年级）	合格标准		优秀标准	
		男	女	男	女
1	肺活量（毫升）	700	600	1500	1200
2	50米跑（秒）	12.6	13.8	10.4	11.2
3	坐位体前屈（厘米）	0.0	2.4	13.0	16.0

序号	测试项目（二年级）	合格标准		优秀标准	
		男	女	男	女
1	肺活量（毫升）	800	700	1800	1400
2	50米跑（秒）	12.0	12.8	9.8	10.2
3	坐位体前屈（厘米）	−0.4	2.3	13.2	16.3

序号	测试项目（三年级）	合格标准		优秀标准	
		男	女	男	女
1	肺活量（毫升）	900	800	2100	1600
2	50米跑（秒）	11.5	12.0	9.3	9.4
3	坐位体前屈（厘米）	−0.8	2.2	13.4	16.6
4	1分钟仰卧起坐（次）	16	16	42	42

序号	测试项目（四年级）	合格标准		优秀标准	
		男	女	男	女
1	肺活量（毫升）	1100	900	2400	1800
2	50米跑（秒）	11.1	11.5	8.9	8.9
3	坐位体前屈（厘米）	−2.2	2.1	13.6	16.9
4	1分钟仰卧起坐（次）	17	17	43	43

序号	测试项目（五年级）	合格标准		优秀标准	
		男	女	男	女
1	肺活量（毫升）	1300	1050	2700	2050
2	50米跑（秒）	10.8	11.1	8.6	8.5
3	坐位体前屈（厘米）	−2.6	2.0	13.8	17.2
4	1分钟仰卧起坐（次）	18	18	44	44
5	50米×8往返跑（分*秒）	2'18"	2'23"	1'42"	1'47"

二、体重指标（BMI）评分标准及警戒线

体重指标（BMI），是用体重数除以身高数的平方得出的数字，是目前国际上常用的衡量人体胖瘦程度以及是否健康的一个标准，男生、女生的指标略有不同。

计算公式：体重指标（BMI）＝体重（千克）/ 身高^2（米^2）

对照下表测一测，你的 BMI 指标能得几分呢？可以拿到优秀吗？

男生体重指数（BMI）单项评分表（单位：千克 / 米 2）

等级	单项得分	一年级	二年级	三年级	四年级	五年级
正常	100	13.5~18.1	13.7~18.4	13.9~19.4	14.2~20.1	14.4~21.4
低体重	80	≤ 13.4	≤ 13.6	≤ 13.8	≤ 14.1	≤ 14.3
超重		18.2~20.3	18.5~20.4	19.5~22.1	20.2~22.6	21.5~24.1
肥胖	60	≥ 20.4	≥ 20.5	≥ 22.2	≥ 22.7	≥ 24.2

女生体重指数（BMI）单项评分表（单位：千克 / 米 2）

等级	单项得分	一年级	二年级	三年级	四年级	五年级
正常	100	13.3~17.3	13.5~17.8	13.6~18.6	13.7~19.4	13.8~20.5
低体重	80	≤ 13.2	≤ 13.4	≤ 13.5	≤ 13.6	≤ 14.7
超重		17.4~19.2	17.9~20.2	18.7~21.1	19.5~22.0	20.6~22.9
肥胖	60	≥ 19.3	≥ 20.3	≥ 21.2	≥ 22.1	≥ 23.0

现在，你对自己的体质健康状况有初步的了解吗？记得保证营养，加强锻炼哦！

小提示

运动安全小提示

①运动前一定要拉伸身体，把各个肢体关节活动开，做到微微出汗（5分钟左右），保证热身到位。

②运动结束前一定记得让运动强度慢慢减弱，同时适当做点深呼吸，配合较缓和的全身放松整理活动，当呼吸和心跳平稳后再坐下休息或者做其它事情。

运动营养小提示

均衡营养，合理安排一日三餐。

主食除了常吃的精米细面，还应搭配玉米、土豆、红薯等粗粮。此外，食物中应多提供些鱼、鸡、瘦肉、豆制品及大量蔬菜，以满足身体对蛋白质、维生素和无机盐类的需要，保证身体的正常发育。

运动健康小提示

①建议在运动前后和在运动期间每隔20分钟左右进行补水，等到口渴才喝水，标志着身体已经很需要水分了。

②在大强度运动后摄入碳水化合物和优质蛋白质（鱼、瘦肉、蛋奶制品、大豆和坚果等），能促进能量储存并加速恢复。

③运动后如果大量出汗，宜喝温水或运动型饮料，不宜喝冰水或是碳酸饮料。

体育个性化活动日志

我的运动档案

姓名：　　　　　性别：　　　　　班级：

年龄：　　　　　身高：　　　　　体重：

最喜欢的运动：

我喜欢的运动健将：

我的运动成果

项目	第一轮	第二轮	第三轮	自我满意度
坐位体前屈				☆ ☆ ☆ ☆ ☆
50 米跑				☆ ☆ ☆ ☆ ☆
1 分钟仰卧起坐				☆ ☆ ☆ ☆ ☆
1 分钟跳绳				☆ ☆ ☆ ☆ ☆
50 米 ×8 往返跑				☆ ☆ ☆ ☆ ☆

运动日志记录示例

　　同学们在运动之后要在运动手册上按照个人运动的项目记录下每周的运动情况和表现，每周的运动次数尽量不要少于三次哦！

　　参加的运动项目以运动个数或者运动时间进行记录。如：跳短绳600 个，微微出汗，就可以在运动项目以及运动表现相应的两个格子中打√，在成绩记录栏填写 600 个。

自选可以是在校外参加的体育项目，也可以是跟家长一起进行的体育锻炼，建议时长不少于半小时。

注：跳短绳、仰卧起坐是以完成数量为评分标准的项目，在成绩栏"计数"；平板支撑是以完成时间为评分标准的项目，在成绩栏"计时"。

例：第一周 9 月 3 日至 9 月 7 日

	运动项目				运动表现			成绩纪录
	跳短绳	仰卧起坐	平板支撑	自选（足球）	身体发热	微微出汗	满头大汗	
周一	✓					✓		600 个
周二								
周三			✓		✓			5'
周四		✓				✓		50 个
周五								
周六				✓			✓	30'
周日								

第　周　　月　　日至　　月　　日

	运动项目				运动表现			成绩纪录
	跳短绳	仰卧起坐	平板支撑	自选（　）	身体发热	微微出汗	满头大汗	
周一								
周二								
周三								
周四								
周五								
周六								
周日								

运动体会：_____

_____

第　周　　月　　日至　　月　　日

	运动项目				运动表现			成绩纪录
	跳短绳	仰卧起坐	平板支撑	自选（　　）	身体发热	微微出汗	满头大汗	
周一								
周二								
周三								
周四								
周五								
周六								
周日								

运动体会： _____

_____

直击中考：体育考试的结构和内容分析

（一）结构和分值

1.体育考试由统一考试和日常考核两个部分组成，总分为30分。其中，统一考试满分为15分，日常考核满分为15分。

2.统一考试分设四类项目：第一类项目满分为6分，第二、三、四类项目满分均为3分。

3.日常考核由《体育与健身》课程考试成绩和《国家学生体质健康标准（2014年修订）》综合评定（以下简称"体质健康综合评定"）结果两部分组成。其中《体育与健身》课程考试成绩满分为6分（七、八、九年级各为2分），体质健康综合评定结果满分为9分（七、八、九年级各为3分）。

（二）考试内容

1.统一考试

（1）第一类项目（三选一）

男生：1000米跑、200米游泳、4分钟跳绳

女生：800米跑、200米游泳、4分钟跳绳

（2）第二类项目（五选一）

男生：50米跑、立定跳远、实心球、引体向上、25米游泳

女生：50米跑、立定跳远、实心球、仰卧起坐、25米游泳

（3）第三类项目（五选一）

男生/女生：乒乓球、羽毛球、网球、武术、体操

（4）第四类项目（三选一）

男生／女生：足球、篮球、排球

每位考生必须参加全部四类项目的考试。可在上述各类项目中各选择一个自己擅长的作为考试项目，项目一经选定后，不得更改。如选择体操项目，须选择垫上运动、单杠、双杠、支撑跳跃（横箱分腿腾越）中的两项。

2. 日常考核

（1）《体育与健身》课程考试由各初中学校负责实施，对学生的学习表现、学科实践能力、学习能力和学习成绩进行综合评价。各年级《体育与健身》课程考试项目主要包括：

七年级 第一学期 1000 米跑（男）、800 米跑（女）、跳高、

支撑跳跃（横箱屈腿转体 90 度腾越）、武术

第二学期 50 米跑、实心球（单手原地侧向推）、跳绳、双杠

八年级 第一学期 1000 米跑（男）、800 米跑（女）、跳远、

垫上运动、篮球

第二学期 50 米跑、实心球（双手后抛）、单杠、

仰卧起坐（女）、引体向上（男）

九年级 第一学期 1000 米跑（男）、800 米跑（女）、

垫上运动、武术

第二学期 50 米跑、实心球（双手头上前掷）、

支撑跳跃（横箱分腿腾越）

（2）学生体质健康测试按《国家学生体质健康标准（2014年修订）》执行。测试项目包括体重指数（BMI）、肺活量、50米跑、坐位体前屈、立定跳远、引体向上（男）、1分钟仰卧起坐（女）、1000米跑（男）和800米跑（女）等。

上海市初中毕业升学体育统一考试项目成绩评价标准

一、部分项目考试成绩评定

（一）男生部分项目考试成绩评定

项目分值	1000米跑（分秒）	200米游泳（分秒）	篮球（秒）	排球40秒/次	50米跑（秒）	25米游泳（秒）	足球运球（秒）	立定跳远（米）	双手头上前掷实心球（米）	4分钟跳绳（次）	引体向上（次）
100	3'34"	4'36"	20	45	7.1	22.0	7.6	2.49	9.70	400	11
95	3'42"	4'48"	21	43	7.2	23.0	8.7	2.41	9.40	395	10
90	3'50"	5'	22	40	7.3	24.0	9.6	2.33	9.10	390	9
85	3'55"	5'12"	23	37	7.4	25.0	10.5	2.25	8.80	385	
80	4'00"	5'24"	24	34	7.5	26.0	11.3	2.20	8.50	380	8
75	4'05"	5'36"	25	31	7.6	27.0	12.2	2.15	8.20	370	
70	4'10"	5'48"	27	29	7.7	28.0	13.1	2.10	7.90	365	7
65	4'15"	6'	29	26	7.9	29.0	14.3	2.06	7.60	360	
60	4'23"	6'12"	31	23	8.1	30.0	15.5	2.02	7.30	340	6
55	4'31"	6'24"	33	20	8.3	31.0	16.0	1.98	7.00	320	
50	4'39"	6'36"	35	18	8.5	32.0	16.8	1.94	6.70	300	5
45	4'47"	6'48"	37	16	8.7	33.0	17.4	1.90	6.40	290	
40	4'55"	7'	39	14	8.9	34.0	17.9	1.86	6.10	285	4
35	5'03"	7'12"	41	12	9.1	35.0	18.3	1.82	5.80	280	
30	5'11"	7'24"	43	10	9.3	36.0	19.0	1.78	5.50	275	3
25	5'19"	7'36"	45	8	9.5	37.0	19.6	1.74	5.20	270	
20	5'27"	7'48"	47	6	9.7	38.0	20.0	1.70	4.90	265	2
15	5'35"	8'	49	5	9.9	39.0	20.5	1.66	4.60	260	
10	5'43"	8'12"	51	4	10.1	40.0	21.0	1.62	4.30	255	1
5	5'51"	8'24"	53	3	10.3	41.0	21.5	1.58	4.00	250	

（二）女生部分项目考试成绩评定

项目分值	800米跑（分秒）	200米游泳（分秒）	篮球（秒）	排球40秒/次	50米跑（秒）	25米游泳（秒）	足球运球（秒）	立定跳远（米）	双手头上前掷实心球（米）	4分钟跳绳（次）	一分钟仰卧起坐（次）
100	3'19"	4'56"	26	45	8.1	25.0	8.5	1.99	6.80	405	50
95	3'27"	5'08"	27	43	8.2	26.0	10.8	1.93	6.60	400	47
90	3'35"	5'20"	28	40	8.3	27.0	12.9	1.87	6.40	395	44
85	3'40"	5'32"	30	37	8.4	28.0	14.2	1.81	6.20	390	41
80	3'45"	5'44"	32	34	8.5	29.0	16.4	1.77	6.00	385	38
75	3'50"	5'56"	34	31	8.6	30.0	18.3	1.73	5.80	375	35
70	3'55"	6'08"	36	29	8.8	31.0	19.5	1.69	5.60	370	32
65	4'00"	6'20"	38	26	9.0	32.0	20.7	1.65	5.40	365	30
60	4'08"	6'32"	42	23	9.2	33.0	22.0	1.61	5.20	345	28
55	4'16"	6'44"	46	20	9.4	34.0	22.8	1.57	5.00	325	26
50	4'24"	6'56"	50	18	9.6	35.0	23.5	1.53	4.80	305	24
45	4'32"	7'08"	54	16	9.8	36.0	23.9	1.49	4.60	295	22
40	4'40"	7'20"	58	14	10.0	37.0	24.6	1.45	4.40	290	20
35	4'48"	7'32"	62	12	10.2	38.0	25.1	1.41	4.20	285	18
30	4'56"	7'44"	66	10	10.4	39.0	25.5	1.37	4.00	280	16
25	5'04"	7'56"	70	8	10.6	40.0	26.2	1.33	3.80	275	14
20	5'12"	8'08"	74	6	10.8	41.0	26.8	1.28	3.60	270	12
15	5'20"	8'20"	78	5	11.0	42.0	27.3	1.23	3.40	265	10
10	5'28"	8'32"	82	4	11.2	43.0	27.9	1.18	3.20	260	8
5	5'36"	8'44"	86	3	11.4	44.0	28.3	1.13	3.00	250	6

图书在版编目（ＣＩＰ）数据

名师点金．体育可以这样学：小学版 ／ 陆倍倍等著
．—— 上海 ：上海文化出版社，2021.9
（学习方法决定学习成绩）
ISBN 978−7−5535−2367−5

Ⅰ．①名… Ⅱ．①陆… Ⅲ．①体育课－小学－教学参
考资料 Ⅳ．① G624

中国版本图书馆 CIP 数据核字（2021）第 176722 号

名师点金．体育可以这样学：小学版

著　者：陆倍倍 等
责任编辑：王　琦　赵俊斐
装帧设计：周　睿
责任督印：张　凯

出　　版：上海文化出版社
出　　品：上海故事会文化传媒有限公司
　　　　　（201101　上海市闵行区号景路159弄A座3楼　www.storychina.cn）
发　　行：上海文艺出版社发行中心
　　　　　（上海市闵行区号景路159弄A座2楼206室）
印　　刷：上海万卷印刷股份有限公司
开　　本：889毫米x1194毫米　1/32　印张6.25
版　　次：2021年11月第1版　2021年11月第1次印刷
Ｉ Ｓ Ｂ Ｎ：978−7−5535−2367−5/G · 396
定　　价：35.00元

上海故事会文化传媒有限公司 出品（01056）www.storychina.cn

想看更多精彩故事？
扫码下载故事会APP

上海故事会文化传媒有限公司所有图书可办理邮购,免收邮费(挂号除外)
汇款地址：上海市闵行区号景路159弄A座2楼206室（201101）；　收款人：上海故事会文化传媒
有限公司出版发行部
联系电话：021−53204159
如发现本书有质量问题，请与印刷厂质量科联系 T：021−56928178